KB048838

제5판

K-IFRS 회계원리

해답집 [익힘, 연습문제]

김순기 · 전성빈
송민섭 · 이상완 · 이아영

FINANCIAL ACCOUNTING

박영사

익힘문제 답안

【1】 재무보고의 목적은 정보이용자가 합리적인 경제적 의사결정을 하는 데 필요한 재무정보를 제공하는 것이다.

【2】 회계는 우리가 속한 조직(특히, 기업조직)의 언어이기 때문에 회계를 이해하지 못하면 경제적인 의사소통에 어려움을 느끼므로 이를 해결하기 위한 수단으로 회계전문가 이외의 사람들에게 회계지식이 필요하다. 또한 기업에 속하지 않은 일반인들도 주식이나 채권에 투자하는 경우, 투자대상 기업의 재무제표를 분석할 필요가 있다.

【3】 부기는 회계의 한 과정으로서 경제적 사건을 기록하고 보관하는 기법에 불과하며, 그것은 반복적이고 기계적이라는 특징을 지니고 있다. 반면에 회계는 정보를 산출할 뿐만 아니라 산출된 정보를 의사결정의 목적을 위해 분석하고 해석하며 활용하는 영역까지 포함한다. 요약하면 부기는 회계라는 정보시스템의 핵심 하부구조라고 할 수 있다.

【4】 재무회계는 기업외부의 다양한 이용자에게 정보를 제공하는 기능을 담당하는 회계분야로 일반적으로 인정된 회계원칙에 따라 작성된 일반목적의 재무제표를 제공한다. 이에 반해 관리회계는 기업내부의 경영자에게 유용한 정보를 제공하는 기능을 담당하는 회계분야로 일정한 형식이나 방법을 따를 필요 없는 내부보고용의 특수목적의 보고서를 작성한다.

【5】 회사가 준비한 재무보고서가 일반적으로 인정된 회계원칙을 지켰는지를 회사에만 맡기면, 신뢰성이 낮은 회계정보가 공표되어 투자자들에게 피해를 입힐 수 있다. 그러므로 전문성과 독립성을 갖춘 공인회계사가 이를 감사함으로써 재무제표의 신뢰성을 높일 수 있다.

【6】 ⑴ 주식에 투자하는 투자자는 투자대상 기업의 위험과 수익성을 평가하여 투자수익을 극대화하면서 투자위험은 최소화하려는 투자를 계획하는데, 이들은 자신이 원하는 목표수익을 얻기 위해 감당해야 할 수준 이상으로 위험을 부담하지 않기 위해 정확한 회계정보를 필요로 한다.
⑵ 금융기관 등의 대여자는 기업에 대한 대출 결정을 할 때 회계정보를 이용하여 대출여부, 대출금액, 이자율, 담보설정 여부 등을 결정한다.
⑶ 경영자의 임무는 회사의 운영을 책임 맡아 자신의 이익이 아닌 주인(주주)의 이익을 극대화하는 수탁책임(stewardship)을 수행하는 것인데, 이를 외부적으로 평가받기 위하여 재무제표를 작성하고 외부 감사인으로부터 이를 검증 받는다.

【7】 공인회계사가 특정기업의 재무제표를 감사한 후 기업회계기준과의 일치여부나 감사범위의 제한 등을 사유로 다음과 같이 4가지의 감사의견을 표명할 수 있다. 회사의 재무제표가 일반적으로 인정된 회계원칙에 의해 제대로 준비되었다면 적정의견(unqualified opinion)을 제시하고, 일부항목에 대해 심각한 위반사항이 있을 때는 한정의견(qualified opinion)을 제시하며, 대다수항목에 대해 심각한 위반사항이 있으면 부적정의견(adverse opinion)을 제시한다. 그리고 회사의 문제가 너무 심각하여 향후 존속이 의심스러울 때는 의견거절(disclaimer of opinion)을 하기도 한다.

【8】 민간기구로 출범한 한국회계기준원의 회계기준위원회(Korea Accounting Standards Board : KASB)가 금융위원회로부터 기준제정임무를 위탁받아 시행하고 있다.

【9】 생략

【10】 계속기업의 가정

【11】 ⑴ 계속기업
⑵ 목적적합성, 충실한 표현
⑶ 적정의견
⑷ 발생기준
⑸ 중 립 성
⑹ 예측가치
⑺ 충실한 표현
⑻ 확인가치

【12】 ⑴ 일반적으로 인정된 회계원칙이란 외부보고를 위한 재무보고서의 투명성을 확보하기 위해 재무제표를 작성하는 데 필요한 규정과 지침을 정부 또는 정부가 위탁한 규제기관에서 책임지고 만드는 원칙을 말한다. 이는 회계정보의 신뢰성과 비교가능성을 높여 정보이용자의 효율적인 의사결정을 돕는 역할을 한다.
⑵ 정보의 목적적합성이란 어느 회계정보를 이용한 의사결정이 그 정보가 없었을 때와 비교해 다른 결정을 초래하는 정보의 속성을 말한다. 이에 대한 구체적인 구성항목으로는 예측가치와 피드백가치, 적시성 등이 있다.
⑶ 한정의견이란 재무제표의 일부항목에 대해 심각한 위반사항이 있을 때 감사인이 표명하는 감사의견을 말한다.
⑷ 계속기업의 가정이란 기업실체는 일반적으로 그 목적과 의무를 이행하기에 충분할 정도로 장기간 존속한다고 가정하는 것을 뜻한다.
⑸ 정보의 충실한 표현이란 기업의 경제적 현상을 기술하는 데 있어서 고의나 실수로 누락 또는 왜곡이 없는 상태를 뜻한다. 구체적으로 재무정보가 충실하게 표현되려면 그 표현이 완전하고, 오류가 없으며, 중립적이어야 한다.
⑹ 한국채택 국제회계기준(K-IFRS)이란 우리 기업들의 회계투명성을 국제적 적합성에 부응하는 수준으로 올리기 위해 정부가 상장기업에 대해 2011년부터 국제회계기준을 전면 도입하기로 결정함에 따라 한국회계기준위원회가 공표한 것을 말한다.

익힘문제 답안

【1】 "자산＝부채＋자본"을 재무상태표등식이라 한다. 이 등식에 의하면 기업이 소유하고 있는 자원(자산)의 합계는 이들 자산에 대한 청구권(부채와 자본)의 합계와 같아야 한다. 이는 재무상태표의 세 가지 주요 구성항목을 나타내는데, 자산은 특정기업이 과거의 발생한 거래의 결과로 획득하여 통제할 수 있는 미래의 경제적 효익으로 정의된다. 부채는 과거 거래로 인해 발생된 것으로 회계실체가 자산을 이전하거나 또는 용역을 제공함으로써 미래에 청산해야 하는 의무를 뜻한다. 자본은 회사자산에 대한 소유주의 청구권을 나타내는데 이는 자산에서 부채를 차감한 후에 남는 잔여지분이다.

【2】 K-IFRS에서 요구하는 4가지 주요 재무제표는 재무상태표, 포괄손익계산서, 자본변동표 그리고 현금흐름표를 말한다.

【3】 유동자산은 1년 또는 정상적인 영업주기 내에 현금화되거나 또는 그 효익이 소멸될 것으로 기대할 수 있는 자산으로, 현금과 예금, 당기손익인식금융자산, 매출채권, 단기대여금 등의 당좌자산과 원재료, 재공품, 상품 등의 재고자산이 이에 속한다.

【4】 1년 이내에 현금화되거나 영업활동에 사용될 자산은 유동자산으로, 1년을 초과하여 투자하거나 영업활동에 이용될 자산은 비유동자산으로 분류된다.

【5】 유동부채는 1년 또는 정상적인 영업주기 내에 상환기일이 도래하는 부채로서 매입채무, 단기차입금, 미지급비용 그리고 선수수익 등이 포함된다.

【6】 "수익-비용＝순이익"을 손익계산서등식이라 한다. 수익(비용)은 영업수익(비용)과 영업외수익(비용)으로 구분할 수 있다. 영업수익(비용)은 일정기간 동안 기업의 주된 경제적 활동이나 경상적이고 반복적인 활동으로부터 나타난 순자산의 증가(감소)를 말하고 영업외수익(비용)은 기업 본래의 주된 영업활동 이외의 활동으로부터 나타나는 순자산의 증가(감소)를 말한다. 이와 같은 영업수익과 영업외수익을 더하고 영업비용과 영업외비용을 차감하여 정의되는 것이 이익이다.

【7】 수익이란 주요 경영활동으로서의 재화의 생산·판매, 용역의 제공 등에 따른 경제적 효익의 유입으로서, 이는 자산의 증가 또는 부채의 감소 및 그 결과에 따른 자본의 증가로 나타난다. 비용이란 주요 경영활동으로서의 재화의 생산·판매, 용역의 제공 등에 따른 경제적 효익의 유출·소비로서, 이는 자산의 감소 또는 부채의 증가 및 그 결과에 따른 자본의 감소로 나타난다. 이익은 수익에서 비용을 차감하여 얻어진다.

【8】 이익잉여금은 영업활동을 통해 창출한 이익을 주주에게 배당으로 지급하지 않고 사내에 유보시킨 부분이다.

【9】 손익계산서는 한 회계기간 동안의 기업실체의 영업성과를 보고하는 것을 목적으로 하고 재무상태표는 특정일 현재 기업의 재무상태를 보고하는 데 그 목적이 있다. 그리고 현금흐름표는 한 회계기간 동안 기업의 영업·투자·재무활동으로 유입된 현금과 유출된 현금의 내역을 보고하는 것을 목적으로 한다.

【10】 손익계산서와 현금흐름표는 한 회계기간 동안의 기업의 활동을 요약, 보고하는 동태적 재무보고서이지만, 재무상태표는 일정 시점에서의 기업의 재무상태를 나타내는 정태적 재무보고서이다.

【11】 재무제표의 한계점은 다음과 같이 네 가지 정도로 요약할 수 있다.

첫째, 회계는 객관적인 화폐가치로 측정될 수 있는 것만 보고하기 때문에 화폐가치로 측정하기 곤란한 정보는 재무제표에서 제외된다.

둘째, 주로 역사적 원가원칙이 적용되는 재무상태표는 자산의 공정가치를 제대로 반영시키지 못하고 있다.

셋째, 재무제표를 작성하는 데 이용되는 회계방법이 여러 가지가 있으므로 기업간 회계정보의 비교가능성이 저하될 수 있다.

넷째, 재무제표는 기업의 과거 활동의 결과를 보고하는 것이지 미래에 대한 예측치가 아니다.

연습문제 해답

【1】 (1) L   (6) L

(2) A   (7) E

(3) E   (8) A

(4) A   (9) R

(5) A   (10) R

【2】 매 출 채 권(유동자산)   장 기 차 입 금(비유동부채)

주식발행초과금(자　본)   사　　　　채(비유동부채)

매 입 채 무(유동부채)   단 기 차 입 금(유동부채)

미 지 급 이 자(유동부채)   현　　　　금(유동자산)

재 고 자 산(유동자산)   토　　　　지(비유동자산)

건　　　　물(비유동자산)   당기손익인식금융자산(유동자산)

자 　본 　금(자　본)

【3】 (1) 총자산＝총부채＋소유주지분이므로,

₩300,000 － 200,000 ＝ ₩100,000

(2) 부채를 X라 하면,

3X ＝ X ＋ ₩40,000

X ＝ ₩20,000

(3) 기초부채를 구하면,

₩90,000 － 50,000 ＝ ₩40,000

따라서 기말자본은

(₩90,000 ＋ 30,000) － (40,000 － 5,000) ＝ ₩85,000

【4】 (1) ₩15,000,000 － 9,500,000　 ＝ ₩　5,500,000

(2) ₩74,000,000 ＋ 126,000,000 ＝ ₩200,000,000

(3) ₩42,500,000 － 26,250,000　 ＝ ₩ 16,250,000

(4) ₩16,300,000 ＋ 3,700,000　 ＝ ₩ 20,000,000

(5) ₩36,250,000 ＋ 14,750,000　 ＝ ₩ 51,000,000

【5】

재 무 상 태 표

항석회사   20×7년 12월 31일

자 산		부채와 자본	
유동자산:		유동부채:	
현 금 ₩1,500,000		매 입 채 무 ₩9,500,000	
매출채권 6,000,000		단기차입금 3,000,000	
재고자산 750,000		유동부채계 ₩12,500,000	
유동자산계	₩8,250,000	비유동부채:	0
비유동자산:		부채총계	₩12,500,000
기계설비 ₩14,200,000		자 본:	
건 물 10,150,000		자 본 금 ₩18,790,000	
토 지 2,650,000		이익잉여금 3,960,000	
비유동자산계	27,000,000	자 본 계	22,750,000
자산총계	₩35,250,000	부채와 자본총계	₩35,250,000

【6】

재 무 상 태 표

노고회사   20×5년 12월 31일

자 산		부채와 자본	
유동자산:		유동부채:	
현 금 ₩90,000		매 입 채 무 ₩125,000	
매출채권 165,000		비유동부채:	
당기손익인식금융자산 130,000		사 채 150,000	
재고자산 175,000		자 본:	
유동자산계	₩560,000	자 본 금 ₩350,000	
비유동자산:		자본잉여금 60,000	
기계설비 ₩75,000		이익잉여금 150,000	
건 물 200,000		자 본 계	560,000
비유동자산계	275,000		
자산총계	₩835,000	부채와 자본총계	₩835,000

【7】

재무상태표

(주)서강   20×2년 12월 31일

자 산		부채와 자본	
유동자산:		유동부채:	
현 금 ₩80,000		매 입 채 무 ₩180,000	
매출채권 100,000		미 지 급 금 120,000	
당기손익인식금융자산 150,000		유동부채계	₩300,000
대 여 금 40,000		자 본:	
유동자산계	₩370,000	자 본 금 ₩420,000	
비유동자산:		이익잉여금 380,000	
토 지 ₩380,000		자 본 총 계	800,000
건 물 350,000			
비유동자산계	730,000		
자산총계	₩1,100,000	부채와 자본총계	₩1,100,000

【8】 사례 A: 순이익   ₩100,000－88,000＝₩ 12,000
         자 본   ₩150,000－90,000＝₩ 60,000
     B: 총수익   ₩ 60,000＋ 9,000＝₩ 69,000
         총부채   ₩110,000－70,000＝₩ 40,000
     C: 순손실   ₩ 88,000－80,000＝₩ 8,000
         자 본   ₩ 92,000－25,000＝₩ 67,000
     D: 총자산   ₩ 40,000＋75,000＝₩115,000
         총비용   ₩ 65,000－10,000＝₩ 55,000
     E: 총수익   ₩ 82,000－ 6,000＝₩ 76,000
         총자산   ₩ 73,000＋87,000＝₩160,000

【9】 (1) ₩12,000＋20,000－17,000－6,000   ＝₩ 9,000
    (2) ₩22,000－(15,000－17,000＋12,000＋5,000) ＝₩ 7,000
    (3) ₩22,000＋6,000   ＝₩28,000
    (4) ₩15,000－13,000＋20,000   ＝₩22,000
    (5) ₩21,000＋21,000－24,000－2,000   ＝₩16,000

【10】 (1) (기초총자산－기초총부채)＋추가출자＋총수익－총비용－배당금
       ＝기말총자산－기말총부채
       ₩7,000－3,000＋2,000＋5,000－1,000－9,000＋2,000   ＝₩3,000
    (2) ₩5,000－3,000－7,000＋2,000＋4,000＋12,000－4,000   ＝₩9,000
    (3) ₩25,000－13,000＋5,000＋11,000－8,000－27,000＋11,000 ＝₩4,000
    (4) ₩19,000－17,000＋11,000－4,000－15,000＋3,000＋10,000 ＝₩7,000

【11】 1) 20×7년 12월 31일   자 산   ₩380,000
                     부 채   (90,000)
                     자 본   ₩290,000

2)

재 무 상 태 표

삼일회사   20×7년 12월 31일

자　산			부채와 자본		
유동자산:			유동부채:		
현　금	₩95,000		매입채무	₩25,000	
매출채권	70,000		단기차입금	25,000	
재고자산	45,000		미지급금	5,000	
유동자산계		₩210,000	유동부채계		₩55,000
비유동자산:			비유동부채:		
토　지	₩20,000		사　채		35,000
건　물	150,000		자　본:		290,000
비유동자산계		170,000			
자산총계		₩380,000	부채와 자본총계		₩380,000

3) 20×7년 12월 31일 자본　　　　　　　₩290,000
　　20×7년 1월 1일 자본　　　　　　　　(300,000)
　　20×7년 순이익(순손실)　　　　　　　(₩10,000)

【12】

재 무 상 태 표

(주)서강   20×9년 1월 1일

자　산			부채와 자본		
유동자산:			유동부채:		
현　금	₩20,000		미지급금	₩49,000	
매출채권	74,000		차입금	200,000	
단기대여금	40,000		유동부채계		₩249,000
재고자산	25,000		자　본:		160,000
유동자산계		₩159,000			
비유동자산:					
건　물		250,000			
자산총계		₩409,000	부채와 자본총계		₩409,000

재 무 상 태 표

(주)서강   20×9년 12월 31일

자　산		부채와 자본	
유동자산:		유동부채:	
현　금	₩36,000	미지급금	₩27,000
매출채권	67,000	차입금	250,000

단기대여금	20,000	유동부채계	₩277,000
재고자산	13,000	자　본:	239,000
유동자산계	₩136,000		
비유동자산:			
건　물	₩250,000		
토　지	130,000		
비유동자산계	380,000		
자산총계	₩516,000	부채와 자본총계	₩516,000

당기순이익＝기말자본－기초자본

＝₩239,000－160,000＝₩79,000
(당기순이익)

【13】

손 익 계 산 서

정석회사　　　　　　　　　　　　　　　　20×7년 1월 1일～20×7년 12월 31일

매　　출	₩42,300,000
매 출 원 가	18,150,000
매 출 총 이 익	₩24,150,000
임 대 료 수 익	26,750,000
급　　여	(21,250,000)
임 차 료 비 용	(12,000,000)
당 기 순 이 익	₩17,650,000

【14】

손 익 계 산 서

제기상사　　　　　　　　　　　　　　　　20×2년 1월 1일～20×2년 12월 31일

매　　출	₩60,000
매 출 원 가	(25,000)
매 출 총 이 익	₩35,000
급　　여	(10,000)
광 고 비	(5,000)
감 가 상 각 비	(6,500)
임 차 료 비 용	(7,500)
영 업 이 익	₩6,000
이 자 수 익	5,000
유형자산처분이익	6,000
이 자 비 용	(9,000)
당 기 순 이 익	₩8,000

【15】

손익계산서

(주)서강   20×0년 1월 1일~20×0년 12월 31일

매　　　　출	₩245,000
매 출 원 가	(190,000)
매 출 총 이 익	₩55,000
임 대 료 수 익	2,500
판　　매　　비	(20,000)
감 가 상 각 비	(7,000)
급　　　　여	(6,400)
영 업 이 익	₩24,100
유 형 자 산 처 분 손 실	(1,800)
당 기 순 이 익	₩22,300

【16】

재무상태표

동일상사   20×3년 12월 31일

자　산			부채와 자본		
유동자산:			유동부채:		
현　금	₩147,500		매입채무		₩225,000
매출채권	200,000		비유동부채:		
대 여 금	50,000		사　채		100,000
재고자산	330,000		자　본:		
유동자산계		₩727,500	자 본 금	₩342,500	
비유동자산:			이익잉여금	70,000	
비　품		10,000	자 본 계		412,500
자산총계		₩737,500	부채와 자본총계		₩737,500

손익계산서

동일상사   20×3년 1월 1일~20×3년 12월 31일

매　　　　출	₩200,000
매 출 원 가	(100,000)
매 출 총 이 익	₩100,000
수 수 료 수 익	4,000
급　　　　여	(30,000)
광　　고　　비	(5,000)
보　　험　　료	(1,000)
영 업 이 익	₩68,000
이 자 수 익	5,000

이 자 비 용	(3,000)
당 기 순 이 익	₩70,000

【17】 (1) (₩240,000 − 175,000) + 25,000 + 190,000 = ₩280,000

(2) ① ₩889,000 − 574,000 = ₩315,000

② 당기순이익(또는 당기순손실)을 X라 하면,

₩300,000 + 25,000 + X − 12,000 = ₩315,000

X = ₩2,000

【18】

손 익 계 산 서

(주)영화   20×1년 1월 1일~20×1년 12월 31일

매 출	₩340,000
매 출 원 가	(142,000)
매 출 총 이 익	₩198,000
수 수 료 수 익	54,000
급 여	(90,000)
광 고 선 전 비	(36,000)
영 업 이 익	₩126,000
이 자 비 용	(99,000)
당 기 순 이 익	₩27,000

재 무 상 태 표

(주)영화   20×1년 12월 31일

자 산			부채와 자본		
유동자산:			유동부채:		
현 금	₩477,000		미지급급여	₩495,000	
매출채권	495,000		차 입 금	711,000	
유동자산계		₩972,000	유동부채계		₩1,206,000
비유동자산:			자 본:		
토 지	₩171,000		자 본 금	₩360,000	
건 물	450,000		이익잉여금	27,000	
비유동자산계		621,000	자 본 계		387,000
자산총계		₩1,593,000	부채와 자본총계		₩1,593,000

【1】 회계상의 거래는 기업의 재무상태와 영업성과에 영향을 줄 뿐만 아니라 그 영향을 화폐 단위로 측정할 수 있어야 한다. 따라서 다음과 같은 거래는 회계상의 거래가 아니다.
① 건물을 구입하기로 계약을 체결하다.
② 은행에서 현금을 차입하기로 결정하다.
③ 상품을 구입하기로 하고 주문하다.
④ 사장을 새로 고용하는 계약을 체결하다.

【2】 계정이란 회계상의 거래를 기록하도록 표준화된 분류항목으로, 계정의 왼쪽은 차변(debit) 그리고 오른쪽은 대변(credit)이라고 칭한다. 한편 기업들은 자산, 부채 그리고 자본 등의 각 항목에 대하여 별도의 독립적인 계정을 설정하고 있는데 이들 계정들을 모아 놓은 장부를 총계정원장이라 한다.

【3】 상품을 외상판매하고 미래에 해당 금액을 수취할 권리는 미래에 현금을 받을 권리를 나타내는 매출채권이 증가하는 거래이므로 자산인 매출채권 계정에 차기하는 것은 타당하다.

【4】 자산인 현금이 ₩500만큼 증가했음을 뜻한다.

【5】 매입채무가 상환되어 부채가 감소했음을 뜻한다.

【6】 그렇다.

【7】 재무상태표의 차변금액과 대변금액은 항상 일치해야 한다.

【8】 회계상의 모든 거래는 회계의 기본모형에 양면적인 영향을 미치기 때문에 회계의 기록 방식을 복식부기제도(double entry system)라고 한다.

【9】
계정	차변	대변
자산	증가	감소
부채	감소	증가
자본	감소	증가

【10】 부채와 자본은 자본의 조달의 주체를 나타내는 부분으로, 두 가지 모두 회계등식의 오른편 항목이므로 이들 거래는 동일한 방법으로 재무상태표에 기록된다.

【11】 아니다. 유상증자, 재평가잉여금, 자기주식의 취득 등은 수익이나 비용계정에 기록되지 않고 자본에 변화를 가져다 준다.

【12】 분개장의 기능을 요약하면 다음과 같다. 첫째, 각 거래를 발생한 순서대로 기록한다. 둘째, 각 거래의 모든 경제적 효과를 한 눈에 볼 수 있게 한다. 셋째, 오류의 추적 및 검증자료가 된다.

【13】 분개장의 거래내역을 총계정원장으로 옮겨 적는 일을 전기(轉記)라 하는데, 분개장에 분개된 정보를 원장에 전기함으로써 거래발생 순서대로 분개장에 기록된 정보가 각 계정별로 분류된다. 한편 분개장의 원면란은 원장의 분면란과 함께 분개장과 원장의 상호대조를 가능하게 하는 기능을 갖는다.

【14】 (1) 현금 ₩800,000을 지급하고 차량운반구를 구입하다.

(차) 차량운반구(자산)	800,000	(대) 현금(자산)	800,000

(2) 현금 ₩4,000,000을 받고 세탁용역을 제공하다.

(차) 현금(자산)	4,000,000	(대) 용역수익(수익)	4,000,000

(3) 은행으로부터 ₩500,000을 차입하다.

(차) 현금(자산)	500,000	(대) 차입금(부채)	500,000

(4) 현금 ₩2,000,000을 출자하여 회사를 설립하다.

(차) 현금(자산)	2,000,000	(대) 자본금(자본)	2,000,000

(5) 차입금 ₩50,000을 상환하다.

(차) 차입금(부채)	50,000	(대) 현금(자산)	50,000

(6) ₩180,000의 배당을 선언하고 현금을 지급하다.

(차) 배당금(자본)	180,000	(대) 현금(자산)	180,000

(7) 영업비용 ₩2,580,000을 현금으로 지급하다.

(차) 영업비용(비용)	2,580,000	(대) 현금(자산)	2,580,000

(8) 영업비용 ₩200,000이 발생하였으나 지급하지 못하다.

(차) 영업비용(비용)	200,000	(대) 미지급비용(부채)	200,000

(9) 사채 ₩2,000,000을 단기차입금으로 전환하다.

(차) 사 채(부채)	2,000,000	(대) 단기차입금(부채)	2,000,000

연습문제 해답

【1】 (3), (5), (6), (7)

【2】
(1) (+)	(2) (−)	(3) (+)	(4) (+)
(5) (−)	(6) (+)	(7) (−)	

【3】 (1) (○), (2) (+), (3) (+), (4) (−), (5) (○)

【4】

문제번호	자 산	부 채	자 본
(1)	(○)	(○)	(○)
(2)	(+)	(○)	(+)
(3)	(+)	(+)	(○)
(4)	(−)	(−)	(○)
(5)	(+)	(+)	(○)
(6)	(○)	(○)	(○)
(7)	(−)	(○)	(−)
(8)	(+)	(○)	(+)
(9)	(+)	(○)	(+)
(10)	(○)	(+)	(−)
(11)	(−)	(−)	(○)

【5】

	자 산	=	부 채	+	자 본
(1)	현　　금(+10,000)		차 입 금(+10,000)		
(2)	비　　품(+2,800)		미 지 급 금(+2,800)		
(3)	현　　금(−400)				
	소 모 품(+400)				
(4)	현　　금(−3,000)				
	상　　품(+3,000)				
(5)	매출채권(+4,000)				매　　출(+4,000)
	상　　품(−3,000)				매출원가(−3,000)
(6)	현　　금(+2,000)				
	매출채권(−2,000)				
(7)	현　　금(−330)				급　　여(−330)
(8)	상　　품(+2,000)		매 입 채 무(+2,000)		
(9)			미지급배당금(+1,000)		배 당 금(−1,000)
⑽	현　　금(+3,000)				매　　출(+3,000)
	상　　품(−2,000)				매출원가(−2,000)
⑾			미지급임차료(+100)		임차료비용(−100)
⑿	현　　금(−1,000)		미지급배당금(−1,000)		
⒀	현　　금(−600)				이자비용(−600)

【6】

	(차)			(대)	
(1)	현　　금	10,000	차 입 금		10,000
(2)	비　　품	2,800	미지급금		2,800
(3)	소 모 품	400	현　　금		400
(4)	상　　품	3,000	현　　금		3,000
(5)	{ 매출채권	4,000	{ 매　　출		4,000
	매출원가	3,000	상　　품		3,000
(6)	현　　금	2,000	매출채권		2,000
(7)	급　　여	330	현　　금		330
(8)	상　　품	2,000	매입채무		2,000
(9)	배 당 금	1,000	미지급배당금		1,000
⑽	{ 현　　금	3,000	{ 매　　출		3,000
	매출원가	2,000	상　　품		2,000
⑾	임 차 료	100	미지급임차료		100
⑿	미지급배당금	1,000	현　　금		1,000
⒀	이자비용	600	현　　금		600

【7】

	(차)			(대)	
(1)	매출채권	750,000	매　　출		750,000
	매출원가	500,000	상　　품		500,000
(2)	현　　금	1,600,000	매출채권		1,600,000
(3)	상　　품	850,000	매입채무		850,000
(4)	기계설비	1,100,000	{ 현　　금		200,000
			미지급금		900,000
(5)	현　　금	700,000	매　　출		700,000
	매출원가	400,000	상　　품		400,000
(6)	매입채무	1,125,000	현　　금		1,125,000

(7) (차) 이익잉여금(배당금)	1,400,000	(대) 현　　　금	1,400,000
(8) (차) 급　　　여	650,000	(대) 현　　　금	650,000

【8】 (1) 건물임차료 ₩17,000을 현금으로 지급하다.

(2) 용역을 제공하고 대금 ₩46,000은 외상으로 하다.

(3) 현금 ₩50,000을 빌려주다.

(4) 건물을 구입하면서 그 대금 ₩100,000 중 ₩40,000은 보유 중이던 기계를 인도하고, 나머지는 외상으로 하다.

(5) 임차료 ₩8,000이 발생하였으나 미지급하다.

【9】 (1) 현금 ₩5,000과 설비 ₩2,000을 투자하여 상품매매업을 시작하다.

(2) 소모품 ₩3,000을 구입하고 현금 ₩1,000을 지급하고 잔액은 지급하지 않았다.

(3) 상품을 매출하고 대금 ₩4,000 중 ₩2,500을 현금회수하고 잔액은 외상으로 하다.

(4) 설비 ₩1,000을 구입하고 대금을 지급하지 않았다.

(5) 매입채무 ₩7,000을 현금으로 지급하다.

(6) 매출채권 ₩4,000을 현금회수하다.

(7) 상품을 매출하고 대금 ₩10,000을 외상으로 하다.

(8) 발생한 비용을 현금 ₩6,000으로 지급하다.

【10】 (1) 건물 ₩100,000을 구입하고 현금으로 지급하다.

(차) 건　　　물	100,000	(대) 현　　　금	100,000

(2) 매입채무 ₩7,000을 현금으로 지급하다.

(차) 매 입 채 무	7,000	(대) 현　　　금	7,000

(3) 주주에게 배당금을 지급하다.

(차) 이익잉여금	4,000	(대) 현　　　금	4,000

(4) 건물임차료 ₩5,000을 지급하지 않았다.

(차) 임차료비용	5,000	(대) 미지급임차료	5,000

【11】 (1) 정상적인 계정잔액 : 차변

(2) 정상적인 계정잔액 : 차변

(3) 증가시 대변에 기록

(4) 정상적인 계정잔액 : 차변

【12】 5/ 2　현금 ₩3,000,000과 건물 ₩1,500,000을 출자하다.

5/ 6　상품을 ₩950,000에 매입하였는데, ₩500,000은 지급하고 나머지 잔액 ₩450,000은 외상으로 하다.

5/ 8　상품을 ₩800,000에 외상으로 판매하다.

5/11　매출채권 중 ₩550,000을 현금으로 회수하다.

5/13　설비를 ₩1,200,000에 현금으로 구입하다.

5/20　영업비용 ₩500,000을 현금으로 지급하다.

5/24　당기손익인식금융상품으로 분류되는 유가증권을 ₩750,000에 현금으로 구입하다.

【13】
(1)	(차) 현　금	3,500,000	(대) 자본금		3,500,000
(2)	(차) { 건　물	3,200,000	(대) 현　금		8,000,000
	토　지	4,800,000			
(3)	(차) 상　품	5,400,000	(대) { 현　금		3,500,000
			매입채무		1,900,000
(4)	(차) { 현　금	4,000,000	(대) 매　출		9,800,000
	매출채권	5,800,000			
	(차) 매출원가	5,000,000	(대) 상　품		5,000,000
(5)	(차) 보험료	950,000	(대) 현　금		950,000
(6)	(차) 현　금	1,500,000	(대) 차입금		1,500,000
(7)	(차) { 차입금	500,000	(대) 현　금		530,000
	이자비용	30,000			
(8)	(차) 영업비용	550,000	(대) 현　금		550,000
(9)	(차) { 현　금	600,000	(대) { 매출채권		600,000
	매입채무	500,000	현　금		500,000
(10)	(차) 배당금	850,000	(대) 현　금		850,000

【14】 1)
(1)	(차) { 현　금	1,500,000	(대) { 자본금		1,500,000
	사무용비품	510,000	미지급금		510,000
(2)	(차) 현　금	1,700,000	(대) 용역수익		1,700,000
(3)	(차) 임차료비용	270,000	(대) 현　금		270,000
(4)	(차) 차량운반구	630,000	(대) 미지급금		630,000
(5)	(차) 전화료	190,000	(대) 현　금		190,000
(6)	(차) 매출채권	2,000,000	(대) 용역수익		2,000,000
(7)	(차) 미지급금	310,000	(대) 현　금		310,000
(8)	(차) 현　금	1,000,000	(대) 자본금		1,000,000
(9)	(차) 현　금	920,000	(대) 매출채권		920,000
(10)	(차) 급　여	1,860,000	(대) 현　금		1,860,000
(11)	(차) 수선비	430,000	(대) 미지급수선비		430,000

2)

현　금					매출채권			
(1)	1,500,000	(3)	270,000	(6)	2,000,000	(9)	920,000
(2)	1,700,000	(5)	190,000				
(8)	1,000,000	(7)	310,000	비　품			
(9)	920,000	(10)	1,860,000	(1)	510,000		

차량운반구			미지급수선비		
(4)	630,000			(11)	430,000

미지급금				자본금			
(7)	310,000	(1)	510,000			(1)	1,500,000
		(4)	630,000			(8)	1,000,000

용역수익		
	(2)	1,700,000
	(6)	2,000,000

임차료비용	
(3) 270,000	

수 선 비	
(11) 430,000	

전 화 료	
(5) 190,000	

급 여	
(10) 1,860,000	

【15】 1)

	(차)			(대)	
(1)	현 금	23,900		자 본 금	23,900
(1)	(차) 토 지	1,000		현 금	18,400
	건 물	15,000			
	차량운반구	2,400			
(2)	(차) 광 고 비	150	(대)	현 금	150
(3)	(차) 설 비	1,900	(대)	미지급금	1,900
(4)	(차) 현 금	1,200	(대)	용역수익	1,200
(5)	(차) 소 모 품	600	(대)	현 금	600
(6)	(차) 미지급금	950	(대)	현 금	950
(7)	(차) 광 고 비	75	(대)	현 금	75
(8)	(차) 급 여	140	(대)	현 금	140
(9)	(차) 배 당 금	500	(대)	현 금	500
(10)	(차) 선급보험료	480	(대)	현 금	480
(11)	(차) 매출채권	3,000	(대)	용역수익	3,000
(12)	(차) 소모품비	200	(대)	소 모 품	200

2)

현 금			
(1) 5,500	(2)		150
(4) 1,200	(5)		600
	(6)		950
	(7)		75
	(8)		140
	(9)		500
	(10)		480

토 지	
(1) 1,000	

건 물	
(1) 15,000	

차량운반구	
(1) 2,400	

자 본 금	
	(1) 23,900

광 고 비	
(2) 150	
(7) 75	

설 비	
(3) 1,900	

미지급금	
(6) 950	(3) 1,900

용역수익	
	(4) 1,200
	(11) 3,000

소 모 품	
(5) 600	(12) 200

급 여	
(8) 140	

배 당 금		선급보험료	
⑼	500	⑽	480

매출채권		소모품비	
⑾	3,000	⑿	200

【16】 ① 거래의 분개

7/ 1	(차)	현　　금	900,000	(대) 자 본 금	2,200,000
		토　　지	900,000		
		건　　물	400,000		
7/ 4	(차)	상　　품	600,000	(대) 현　　금	480,000
				매입채무	120,000
7/ 7	(차)	광 고 비	12,000	(대) 현　　금	12,000
7/ 9	(차)	현　　금	180,000	(대) 매　　출	360,000
		매출채권	180,000		
	(차)	매출원가	200,000	(대) 상　　품	200,000
7/13	(차)	수수료비용	18,000	(대) 현　　금	18,000
7/19	(차)	현　　금	144,000	(대) 매　　출	144,000
	(차)	매출원가	80,000	(대) 상　　품	80,000
7/21	(차)	매입채무	60,000	(대) 현　　금	60,000
7/23	(차)	급　　여	30,000	(대) 현　　금	30,000

② T계정에의 전기

현　　금				토　　지			
7/ 1	900,000	7/ 4	480,000	7/ 1	900,000		
7/ 9	180,000	7/ 7	12,000				
7/19	144,000	7/13	18,000				
		7/21	60,000				
		7/23	30,000				

건　　물				자 본 금			
7/ 1	400,000					7/ 1	2,200,000

상　　품				매 입 채 무			
7/ 4	600,000	7/ 9	200,000	7/21	60,000	7/ 4	120,000
		7/19	80,000				

광 고 비				매 출 채 권			
7/ 7	12,000			7/ 9	180,000		

매　　출				수수료비용			
		7/ 9	360,000	7/13	18,000		
		7/19	144,000				

급　　여				매 출 원 가			
7/23	30,000			7/ 9	200,000		
				7/19	80,000		

【17】

		(차)				(대)		
11/ 1	(차) 현 금		17,550,000		(대) 자 본 금		17,550,000
11/ 3	(차) 토 지		20,000,000		(대) { 현 금		5,000,000
	건 물		62,000,000		사 채		77,000,000
11/ 5	(차) 비 품		2,750,000		(대) 미지급금		2,750,000
11/ 6	(차) 상 품		2,750,000		(대) 매입채무		2,750,000
11/11	(차) 매출채권		3,620,000		(대) 매 출		3,620,000
	(차) 매출원가		2,500,000		(대) 상 품		2,500,000
11/16	(차) 미지급금		2,750,000		(대) 현 금		2,750,000
11/18	(차) 광 고 비		310,000		(대) 현 금		310,000
11/21	(차) 급 여		1,065,000		(대) 현 금		1,065,000
11/24	(차) 현 금		850,000		(대) 매출채권		850,000
11/28	(차) 공 과 금		120,000		(대) 현 금		120,000
11/29	(차) 매입채무		500,000		(대) 현 금		500,000

현 금

11/ 1	17,550,000	11/ 3	5,000,000
11/24	850,000	11/16	2,750,000
		11/18	310,000
		11/21	1,065,000
		11/28	120,000
		11/29	500,000

매출채권

11/11	3,620,000	11/24	850,000

상 품

11/ 6	2,750,000	11/11	2,500,000

토 지

11/ 3	20,000,000		

건 물

11/ 3	62,000,000		

비 품

11/ 5	2,750,000		

매입채무

11/29	500,000	11/ 6	2,750,000

미지급금

11/16	2,750,000	11/ 5	2,750,000

사 채

		11/ 3	77,000,000

자 본 금

		11/ 1	17,550,000

매 출

		11/11	3,620,000

광 고 비

11/18	310,000		

급 여

11/21	1,065,000		

공 과 금

11/28	120,000		

매출원가

11/11	2,500,000		

【18】 1)

8월 1일	(차) 현 금	20,300,000		(대) 자 본 금		20,300,000
4	(차) 컴 퓨 터	75,000,000		(대) { 현 금		7,500,000
				차 입 금		67,500,000
5	(차) 비 품	5,268,000		(대) 미지급금		5,268,000
7	(차) 임차료비용	350,000		(대) 현 금		350,000
10	(차) 현 금	14,716,000		(대) 용역수익		14,716,000
11	(차) 미지급금	5,268,000		(대) 현 금		5,268,000
12	(차) 매출채권	17,313,000		(대) 용역수익		17,313,000
19	(차) 급 여	9,251,000		(대) 현 금		9,251,000

| 24 | (차) 비 품 | 1,627,000 | (대) 미지급금 | 1,627,000 |
| 31 | (차) 현 금 | 3,000,000 | (대) 자 본 금 | 3,000,000 |

2) 현　　　　　금: ₩20,300,000 − 7,500,000 − 350,000 + 14,716,000 − 5,268,000
　　　　　　　　　− 9,251,000 + 3,000,000 = ₩15,647,000

매 출 채 권: ₩17,313,000

비　　　　품: ₩5,268,000 + 1,627,000 = ₩6,895,000

컴 퓨 터: ₩75,000,000

차 입 금: ₩67,500,000

미 지 급 금: ₩5,268,000 − 5,268,000 + 1,627,000 = ₩1,627,000

자문용역수익: ₩14,716,000 + 17,313,000 = ₩32,029,000

급　　　　여: ₩9,251,000

임 차 료 비 용: ₩350,000

자 본 금: ₩20,300,000 + 3,000,000 = ₩23,300,000

【19】 1)

(1)	(차) 현　　　금	6,500,000	(대) 자 본 금		6,500,000
	(차) 전화응답용설비	4,000,000	(대) { 현　　금		1,000,000
			차 입 금		3,000,000
(2)	(차) 메모용역용설비	925,000	(대) 미지급금		925,000
(3)	(차) 현　　　금	1,250,000	(대) 자 본 금		1,250,000
(4)	(차) 매 출 채 권	2,750,000	(대) 용역수익		2,750,000
(5)	(차) 현　　　금	1,375,000	(대) 매출채권		1,375,000
(6)	(차) 매 출 채 권	560,000	(대) 용역수익		560,000
(7)	(차) 통신비(전화료)	70,000	(대) 현　　금		70,000
(8)	(차) 급　　　여	290,000	(대) 현　　금		290,000
(9)	(차) 임 차 료 비 용	250,000	(대) 현　　금		250,000
(10)	(차) 미 지 급 금	500,000	(대) 현　　금		500,000

현　　금

(1)	6,500,000	(1)	1,000,000
(3)	1,250,000	(7)	70,000
(5)	1,375,000	(8)	290,000
		(9)	250,000
		(10)	500,000

매출채권

(4)	2,750,000	(5)	1,375,000
(6)	560,000		

메모용역용설비

(2)	925,000		

전화응답용설비

(1)	4,000,000		

차 입 금

		(1)	3,000,000

미지급금

(10)	500,000	(2)	925,000

용역수익

		(4)	2,750,000
		(6)	560,000

통신비(전화료)

(7)	70,000		

급　　여

(8)	290,000		

임차료비용

(9)	250,000		

자 본 금

		(1)	6,500,000
		(3)	1,250,000

2)

<table>
<tr><td colspan="2" align="center">손 익 계 산 서</td></tr>
<tr><td>나나회사</td><td align="right">20×7년 8월 1일~20×7년 8월 31일</td></tr>
<tr><td>용 역 수 익</td><td align="right">₩3,310,000</td></tr>
<tr><td>통 신 비</td><td align="right">(70,000)</td></tr>
<tr><td>급 여</td><td align="right">(290,000)</td></tr>
<tr><td>임 차 료 비 용</td><td align="right">(250,000)</td></tr>
<tr><td>당 기 순 이 익</td><td align="right">₩2,700,000</td></tr>
</table>

<table>
<tr><td colspan="4" align="center">재 무 상 태 표</td></tr>
<tr><td colspan="2">나나회사</td><td colspan="2" align="right">20×7년 8월 31일</td></tr>
<tr><td colspan="2" align="center">자 산</td><td colspan="2" align="center">부채와 자본</td></tr>
<tr><td colspan="2">유동자산:</td><td colspan="2">유동부채:</td></tr>
<tr><td>현 금</td><td align="right">₩7,015,000</td><td>차 입 금</td><td align="right">₩3,000,000</td></tr>
<tr><td>매출채권</td><td align="right">1,935,000</td><td>미지급금</td><td align="right">425,000</td></tr>
<tr><td>유동자산계</td><td align="right">₩8,950,000</td><td>유동부채계</td><td align="right">₩3,425,000</td></tr>
<tr><td colspan="2">비유동자산:</td><td colspan="2">자 본:</td></tr>
<tr><td>전화응답용설비</td><td align="right">₩4,000,000</td><td>자 본 금</td><td align="right">₩7,750,000</td></tr>
<tr><td>메모용역용설비</td><td align="right">925,000</td><td>이익잉여금</td><td align="right">2,700,000</td></tr>
<tr><td>비유동자산계</td><td align="right">₩4,925,000</td><td>자 본 계</td><td align="right">10,450,000</td></tr>
<tr><td>자산총계</td><td align="right">₩13,875,000</td><td>부채와 자본총계</td><td align="right">₩13,875,000</td></tr>
</table>

기업이익의 측정

제 4 장

익힘문제 답안

【 1 】 수익은 일정기간 동안 기업의 주된 영업활동이나 기타 경상적이고 반복적인 활동으로부터 나타난 자산의 증가나 부채의 감소이고, 비용은 일정기간 동안 회사의 주된 영업활동이나 기타 경상적이고 반복적인 활동으로부터 나타난 자산의 감소나 부채의 증가이다.

【 2 】 선급비용이란 당기와 차기 이후에 재화나 용역을 제공받기 위해서 그 대가를 미리 지급하는 경우에 발생한 비용을 의미한다. 반면에 미지급비용은 비용이 발생되었으나 회계기간 말까지 그 대금이 지급되지 않는 경우에 사용되는 개념이다.

【 3 】 동의한다. 한 기간의 영업성과인 순이익을 적정하게 측정하기 위해서는 수익과 비용을 적절한 회계기간에 배분해야 한다. 이러한 문제를 해결하기 위해 수익과 비용의 기간대응 원칙이 적용된다.

【 4 】 연초에 지불한 3년간의 보험료가 모두 당기의 비용이 아니라 이 중 1/3만 비용으로 인식되고 나머지는 선급보험료라는 자산으로 인식되어야 한다. 수정분개를 통해 적절한 조정이 이루어진다.

【 5 】 현금기준은 수익과 비용을 각각 영업활동과 관련된 현금의 수입과 지출을 기점으로 기록하는 방법이다. 발생기준은 수익이 실질적으로 발생한 기간에 수익을 인식하고 이에 대응시켜 비용을 인식하는 것으로 한 회계기간 동안의 업적평가가 적절히 이루어지도록 하려는 것이다.

【 6 】 두 회계기간 이상에 걸쳐서 기업에 경제적 영향을 가져다주는 거래에 대해 발생주의 회계에 입각하여 한 기간 중에 발생된 수익과 비용을 정확하게 산출하기 위해 수정분개가 필요하다.

【 7 】 이하에서는 결산일을 12월 31일로 가정한다.
　(1) 선수수익: 기말 현재 현금으로 수취되었으나 아직 가득되지 않아 인식한 부채

　　가령 2001년 12월 1일에 세입자가 3개월분 임대료 ₩3,000을 납부하였다면 다음과 같은 수정분개(부채로 기록하는 방법)가 필요하다.

　　2001년 12월 1일(현금수취일):　(차) 현　　　금 3,000　　　(대) 선수임대료 3,000
　　2001년 12월 31일(결산일)　:　(차) 선수임대료 1,000　　　(대) 임대료수익 1,000

　(2) 미수수익: 기말 현재 현금으로 수취되지 않았어도 가득된 수익을 자산으로 기록

　　가령 2001년 12월 31일에 12월 임대료 ₩600을 아직 수령하지 못하였고 이 금액은 2002년 1월 7일에 회수하였다면 다음과 같은 수정분개가 필요하다.

　　2001년 12월 31일(결산일)　:　(차) 미수임대료 600　　　(대) 임대료수익 600
　　2002년 1월 7일(현금회수일):　(차) 현　　　금 600　　　(대) 미수임대료 600

　(3) 선급비용: 기말 현재 현금을 지출하였으나 효익은 미래에 귀속되어 기록된 자산

　　가령 2001년 1월 1일에 향후 3년분 보험료 ₩3,600을 지급하였다면 다음과 같은 수정분개(자산으로 기록하는 방법)가 필요하다.

　　2001년 1월 1일(현금지급일):　(차) 선급보험료 3,600　　　(대) 현　　　금 3,600
　　2001년 12월 31일(결산일)　:　(차) 보　험　료 1,200　　　(대) 선급보험료 1,200

(4) 미지급비용: 기말 현재 현금의 지출은 없으나 발생된 비용을 부채로 기록

가령 2001년 12월 31일에 지급되었어야 할 12월분 급여 ₩900이 회사의 사정으로 2002년 1월 7일에 지급되었다면 다음과 같은 수정분개가 필요하다.

2001년 12월 31일(결산일) :   (차) 급   여 900   (대) 미지급급여 900
2002년 1월 7일(지급일) :   (차) 미지급급여 900   (대) 현   금 900

【8】 감가상각비는 유형자산의 취득원가 중 당기에 비용으로 인식하게 될 부분으로 손익계산서에 비용으로 계상되며, 감가상각누계액은 이러한 감가상각비의 당기 말까지의 누계액으로 재무상태표에서 자산의 차감항목으로 기록된다.

【9】 당해 연도 말까지 현금이 수취되지는 않았으나 이미 가득된 수익을 재무상태표의 자산으로 인식하는 것이다. 예를 들어 2001년 12월 31일에 12월 임대료 ₩600을 아직 수령하지 못하였다면 결산일인 2001년 12월 31일에 수정분개를 통해 미수수익을 인식한다.

【10】 유동자산에 기록된다.

【11】 영구계정은 자산, 부채, 자본 등 재무상태표계정과 같이 회계기간이 끝나도 계속 잔액이 유지되는 계정을 말하고, 임시계정은 수익과 비용 등 손익계산서계정과 같이 단지 당기 회계기간에만 적용되는 계정을 말한다.

연습문제 해답

【1】

	(1)	(2)	(3)	(4)
7월 1일 소모품 재고액	₩117	₩214	₩74	(₩664)
+				
7월 중 소모품 구입액	26	(490)	87	746
−				
7월 중 소모품 사용액	87	486	(133)	916
=				
7월 31일 소모품 재고액	(56)	218	28	494

【2】 (1) 기초소모품재고액 + 기중소모품구입액 − 기중소모품사용액
　　　　　　 = 기말소모품재고액

　　　₩1,350,000 + 4,700,000 − 2,170,000 = ₩3,880,000

(2) ₩950,000 − 6,600,000 + 7,040,000 = ₩1,390,000

(3) ₩2,990,000 − 3,130,000 + 16,570,000 = ₩16,430,000

(4) x를 기초소모품재고액이라 하면

$$x + ₩2,300,000 - 8x = \frac{2}{3}x$$

$$7\frac{2}{3}x = ₩2,300,000 \qquad x = ₩2,300,000 \times \frac{3}{23}$$

$$= ₩300,000$$

기말소모품재고액 = ₩300,000 × $\frac{2}{3}$ = ₩200,000

【3】 (1) (차) 소모품비   525,000*   (대) 소 모 품   525,000

          * ₩185,000+415,000−75,000

(2) (차) 감가상각비   1,450,000   (대) 감가상각누계액−설비자산   1,450,000

(3) (차) 재 산 세   750,000   (대) 미지급재산세   750,000

(4) (차) 미 수 이 자   750,000   (대) 이 자 수 익   750,000

(5) (차) 선수용역수익   300,000   (대) 용 역 수 익   300,000

(6) (차) 급 여   1,100,000   (대) 미지급급여   1,100,000

【4】 (1) (차) 소 모 품 비   2,385,000*   (대) 소 모 품   2,385,000

          * ₩3,725,000−1,340,000

(2) (차) 급 여   2,710,000   (대) 미지급급여   2,710,000

(3) (차) 선수임대료   3,600,000*   (대) 임대료수익   3,600,000

          * ₩7,200,000×3/6

(4) (차) 감가상각비   2,750,000   (대) 감가상각누계액설비   2,750,000

(5) (차) 광 고 비   1,200,000*   (대) 선급광고비   1,200,000

          * ₩1,800,000×2/3

【5】 현금으로 지급한 임차료: ₩2,400,000+(200,000−0)=₩2,600,000

현금으로 지급한 이자: ₩1,800,000−(0−600,000)=₩2,400,000

현금으로 지급한 급여: ₩37,500,000−(5,000,000−2,500,000)=₩35,000,000

【6】 (1) 보험료 현금지급액=발생기준보험료비용+선급보험료의 변동분

$$=₩120,000+(90,000−80,000)$$
$$=₩130,000$$

(2) 임대료 현금수입액=발생기준임대료수익+선수임대료의 변동분

$$=₩105,000+(x−40,000)$$
$$=₩138,500$$
$$\therefore x=73,500$$

【7】 (1) (차) 보 험 료   225,000*   (대) 선급보험료   225,000

          * 900,000×3/12

(2) (차) 소 모 품 비   1,075,000   (대) 소 모 품   1,075,000

(3) (차) 선수용역수익   55,000   (대) 용 역 수 익   55,000

【8】 1) 지급된 보험료: ₩800+(700−600)=₩900

2) 회수된 임대료: ₩7,500−1,000+500=₩7,000

【9】 (1) ① (차) 임차료비용   20,000   (대) 선급임차료   20,000

   ② (차) 선급임차료   28,000   (대) 임차료비용   28,000

(2)   (차) 소모품비   47,000   (대) 소 모 품   47,000

(3) ① (차) 보 험 료   18,000   (대) 선급보험료   18,000

   ② (차) 선급보험료   36,000   (대) 보 험 료   36,000

⑷ ①	(차) 선 수 수 익	45,000	(대) 용 역 수 익	45,000
②	(차) 용 역 수 익	45,000	(대) 선 수 수 익	45,000
⑸	(차) 배 당 금	40,000	(대) 미지급배당금	40,000

【10】 잘못된 분개를 역으로 분개한 후 올바른 분개를 하면 된다.

⑴	(차) 현 금	150,000	(대) 선급이자	150,000
	(차) 이 자 비 용	150,000	(대) 현 금	150,000
또는	(차) 이 자 비 용	150,000	(대) 선급이자	150,000
⑵	(차) 현 금	100,000	(대) 설 비	100,000
	(차) 설비수선비	100,000	(대) 현 금	100,000
또는	(차) 설비수선비	100,000	(대) 설 비	100,000
⑶	(차) 현 금	430,000	(대) 매입채무	430,000
	(차) 매 입 채 무	340,000	(대) 현 금	340,000
또는	(차) 현 금	90,000	(대) 매입채무	90,000
⑷	(차) 현 금	80,000	(대) 설비자산	80,000
	(차) 공 과 금	80,000	(대) 현 금	80,000
또는	(차) 공 과 금	80,000	(대) 설비자산	80,000
⑸	(차) 매 출	100,000	(대) 현 금	100,000
	(차) 현 금	100,000	(대) 매출채권	100,000
또는	(차) 매 출	100,000	(대) 매출채권	100,000

【11】
⑴	소모품(자산) 과대평가	₩1,125,000
	소모품비 즉 비용 과소평가	1,125,000
	당기순이익 과대평가	1,125,000
⑵	선급보험료(자산) 과대평가	₩300,000
	보험료 즉 비용 과소평가	300,000
	당기순이익 과대평가	300,000
⑶	선수임대료(부채) 과대평가	₩1,800,000
	임대료수익 즉 수익 과소평가	1,800,000
	당기순이익 과소평가	1,800,000
⑷	미지급급여(부채) 과소평가	₩495,000
	급여 즉 비용 과소평가	495,000
	당기순이익 과대평가	495,000

【12】
⑴	(차) 이 자 비 용	4,500	(대) 미지급이자	4,500
⑵	(차) 급 여	15,600	(대) 미지급급여	15,600
⑶	(차) 감가상각비	28,800	(대) 감가상각누계액-건물	7,000
			감가상각누계액-설비	21,800
⑷	(차) 선 수 수 익	1,500	(대) 용역수익	1,500*

* ₩18,000 × 1/12

【13】
⑴	(차) 소 모 품 비	450*	(대) 소 모 품	450

* ₩120 + 360 − 30

⑵	(차) 급 여	14	(대) 미지급급여	14

(3) (차) 임대료수익	3,200*	(대) 선수임대료	3,200

          * ₩4,800×4/6

(4) (차) 미수임대료	720*	(대) 임대료수익	720

          * ₩360×2

【14】 1)

(1) (차) 보　험　료	150*	(대) 선급보험료	150

          * ₩900×1/3×6/12

          (20×6년 7월에 지급한 3년간의 선급보험료 중 6개월분에 해당하는 ₩150을 비용처리)

(2) (차) 소모품비	900*	(대) 소　모　품	900

          * ₩200+1,000−300

          (20×6년에 사용된 소모품액 ₩900을 비용처리)

(3) (차) 수　선　비	650	(대) 미지급수선비	650

          (20×6년에 발생한 수선비 ₩650이 미기록되었으므로 이를 기록)

(4) (차) 재　산　세	1,400	(대) 미지급재산세	1,400

          (20×6년에 해당되는 재산세 ₩1,400이 미기록되었으므로 이를 기록)

(5) (차) 감가상각비	1,000*	(대) 감가상각누계액트럭	1,000

          * ₩20,000×1/10×6/12=1,000

          (20×6년 7월 1일에 구입한 트럭에 대해서 6개월분의 감가상각을 기록)

(6) (차) 이자비용	225*	(대) 미지급이자	225

          * ₩6,000×15%×3/12

          (20×6년 10월 1일에 발행한 어음 ₩6,000의 이자 중 3개월분을 기록)

2)

수정사항 반영전 순이익	₩30,000
(1) 보험료의 기록	(150)
(2) 소모품비의 기록	(900)
(3) 수선비의 기록	(650)
(4) 재산세의 기록	(1,400)
(5) 감가상각비의 기록	(1,000)
(6) 이자비용의 기록	(225)
	₩25,675

	오류의 영향				
	(1)	(2)	(3)	(4)	(5)
수 익	(−)	(−)	(○)	(○)	(○)
비 용	(○)	(○)	(−)	(−)	(−)
순 이 익	(−)	(−)	(+)	(+)	(+)
유 동 자 산	(−)	(○)	(○)	(+)	(○)
비유동자산	(○)	(○)	(○)	(○)	(○)
유 동 부 채	(○)	(+)	(−)	(○)	(−)
비유동부채	(○)	(○)	(○)	(○)	(○)
자 본	(−)	(−)	(+)	(+)	(+)

【16】 1) 20×5년 손익계산서에 보고되는 수익(₩4,000×1/4) ₩1,000
　　　　　20×6년 손익계산서에 보고되는 수익(₩4,000×3/4) ₩3,000
　　　2) 현　　　금　　₩4,000
　　　　　선수임대료　　　　3,000
　　　3) ① (차) 임대료수익　　　　　3,000　　　(대) 선수임대료　　　　　3,000
　　　　　② (차) 선수임대료　　　　　1,000　　　(대) 임대료수익　　　　　1,000
　　　　　③ 수정분개는 필요없음(수익의 기간배분이 정확히 되었기 때문)

【17】 (1) 현금기준에 따른 순이익 계산
　　　　　수　　　입:
　　　　　　　　상품판매　　　　　　　　　　　　₩270,000
　　　　　지　　　출:
　　　　　　　　상품구입　　　　　　　　　　　　(200,000)
　　　　　순　이　익　　　　　　　　　　　　　　₩70,000
　　　　(2) 발생기준에 따른 순이익 계산
　　　　　매　　　출:　　　　　　　　　　　　　₩400,000
　　　　　매출원가(300,000 − 50,000)　　　　　(250,000)
　　　　　이자비용(100,000×0.12×1/12)　　　　　(1,000)
　　　　　순　이　익　　　　　　　　　　　　　　₩149,000

【18】 1)
　　　　　⑴ (차) 감가상각비(비용)　　　　　4,000　　　(대) 감가상각누계액　　　　　4,000
　　　　　⑵ (차) 미 수 임 대 료　　　　　　　800　　　(대) 임 대 료 수 익　　　　　　800
　　　　　⑶ (차) 법 인 세 비 용　　　　　1,326*　　　(대) 미 지 급 법 인 세　　　　1,326
　　　　　　　　* 법인세는 수정된 수익과 비용에서 구하여야 하므로
　　　　　　　　　{(₩92,000 + 800) − (81,000 + 4,000)}×17%

2)

손익계산서

	기록된 금액	수 정	수정된 금액
수 익	₩92,000	+800	₩92,800
비 용	81,000	+4,000	85,000
법인세비용	(−)	(+1,326)	(1,326)
당기순이익	₩11,000		₩6,474

재무상태표

	기록된 금액	수 정	수정된 금액
자 산:			
현 금	₩17,000	−	₩17,000
매 출 채 권	16,000	−	16,000
미 수 임 대 료		+800	800
설 비	40,000	−	40,000
감가상각누계액	(8,000)	(+4,000)	(12,000)
	₩65,000		₩61,800
부 채:			
매 입 채 무	₩10,000	−	₩10,000
미 지 급 법 인 세		+1,326	1,326
자 본:			
자 본 금	40,000	−	40,000
이 익 잉 여 금	15,000	−4,526*	10,474
	₩65,000		₩61,800

* 11,000−6,474

【19】 각 영업활동에 대한 분개(단위: 천원)

	차변	금액	대변	금액
(1)	(차) 현 금	15,000	(대) 용 역 수 익	15,000
(2)	(차) 현 금	4,500	(대) 매 출 채 권	4,500
(3)	(차) 매 출 채 권	7,000	(대) 용 역 수 익	7,000
(4)	(차) 소 모 품	350	(대) 현 금	350
(5)	(차) 미 지 급 급 여	2,000	(대) 현 금	2,000
(6)	(차) 소 모 품 비	600	(대) 소 모 품	600
(7)	(차) 임 차 료 비 용	2,500	(대) 현 금	2,500
(8)	(차) 급 여	12,000	(대) 현 금	12,000
(9)	(차) 급 여	3,000	(대) 미 지 급 급 여	3,000

1) 발생기준에 따른 손익계산서(단위: 천원)

용역수익		₩22,000
비 용:		
소 모 품 비	₩ 600	
임차료비용	2,500	
급 여	15,000	18,100
당기순이익		₩ 3,900

2) 현금기준에 따른 손익계산서(단위: 천원)

용역수입		₩19,500
지 출:		
소 모 품 비	₩ 350	
임차료비용	2,500	
급 여	14,000	16,850
당기순이익		₩ 2,650

익힘문제 답안

【1】 (1) 2, (2) 5, (3) 1, (4) 4, (5) 6, (6) 3

【2】 손익계산서에 나타나는 계정과목들은 당기의 경영활동만을 반영해야 하며 차기의 경영활동에 영향을 미쳐서는 안 되므로, 어느 한 회계기간이 종료되면 계정마감을 통해 계정잔액이 모두 0이 되어야 한다.

【3】 수정분개는 기말 현재 발생주의원칙에 따라 기록되지 않은 거래들을 발견하여 회계기간 말에 조정해 주는 분개이다. 마감분개는 수정후 잔액을 기 로 재무제표를 작성한 후 임시계정을 0으로 만드는 계정마감 분개이다.

【4】 수정전시산표는 회계기간 중에 발생된 거래들만의 결과를 나타낸 총계정원장의 계정잔액을 산출하기 위해 작성된다. 수정후시산표는 수정전시산표에 나타나 있는 계정과목들과 계정잔액들을 발생기준원칙에 따라 수정한 후 작성하는 것으로 정확한 재무제표를 작성하는 기초가 된다.

【5】 일치하지 않는다. 정산표상의 재무상태표난에서는 감가상각누계액을 관련유형자산에서 차감하는 형식으로 기록할 수 없으므로 대변에 기록되어 재무상태표 자체의 자산합계금액과 차이가 발생한다. 그리고 정산표상 재무상태표난의 이익잉여금은 당기순이익(손실)과 배당금이 반영되어 있지 않다. 따라서 당기순이익은 정산표상 재무상태표의 대변에 기록되고, 당기순손실과 배당금은 대변에 기입해야 차변과 대변합계액이 일치하게 된다. 따라서 재무상태표 자체의 자산과 부채 합계액과 차이가 생긴다.

【6】 임시계정

【7】 수익과 비용을 마감하기 위해서 일시적으로 사용하게 되는 계정으로 집합손익계정은 마감분개를 마친 후 그 잔액이 0이 된다.

【8】 만약 회계기간 중에 발생된 모든 교환거래들이 기본적인 회계모형에 따라 정확하게 기록되었다면 각 계정들의 계정잔액들로 구성된 수정전시산표상의 차변의 합계와 대변의 합계는 항상 일치하게 되므로 이를 통해 회계기간 중의 기록에 오류가 없었는가를 일차적으로 검증할 수 있다. 그러나 차변과 대변의 합계가 동일하다고 해서 회계기간 중의 모든 거래를 오류 없이 기록하였다고는 단정할 수 없다는 점에서 한계점을 지닌다.

【9】 마감후시산표는 마감분개가 올바르게 수행되었고 마감분개사항이 정확하게 전기되었는가를 점검하기 위해서 작성된다. 마감후시산표를 작성한 후 차변의 합계와 대변의 합계가 일치한다는 것은 다음 회계연도의 거래를 기록할 준비가 일단 갖추어진 것을 의미한다는 점에서 중요성을 지닌다.

【10】 (2), (4), (6), (8)

【1】

시 산 표

(주)서강 　　　　　　　　　　　　　　　　　　　　　　20××년 ×월 ×일

계 정 과 목	차 변	대 변
현　　　　금	₩6,000	
매 출 채 권	5,400	
당기손익인식금융자산	2,760	
대　　여　　금	2,000	
소　　모　　품	1,650	
건　　　　물	65,000	
비　　　　품	13,000	
매 입 채 무		₩5,920
차　　입　　금		15,000
자　　본　　금		50,000
이 익 잉 여 금		25,000
용 역 수 익		63,150
이 자 수 익		80
임 대 료 수 익		4,000
급　　　　여	43,500	
보　　험　　료	3,600	
광　　고　　비	9,300	
판　　매　　비	4,200	
임 차 료 비 용	3,740	
이 자 비 용	3,000	
합　　　　계	₩163,150	₩163,150

【2】　1) 당기순이익계산

수　　익:

　　매　　　　출　　　　　　　　　　　　　　　　₩19,000

비　　용:

　　매 출 원 가　　　　　　₩9,000

　　급　　　　여　　　　　　 3,000

　　기 타 비 용　　　　　　 2,000　　　　　(14,000)

　　당기순이익　　　　　　　　　　　　　　　　₩5,000

이익잉여금잔액

　　기 초 잔 액　　　　　　　　　　　　　　　　₩1,500

　　당기순이익　　　　　　　　　　　　　　　　 5,000

　　배　당　금　　　　　　　　　　　　　　　　(2,000)

　　기 말 잔 액　　　　　　　　　　　　　　　　₩4,500

2) 현　　　　　금　　　　　　　　　　　　　　₩ 9,000
　　상　　　　　품　　　　　　　　　　　　　　8,000
　　매　출　채　권　　　　　　　　　　　　　5,000
　　총　　자　　산　　　　　　　　　　　　₩22,000

【3】 1) 매　　　　　출　　　　　　　　　　　₩1,625,000
　　　　매 출 원 가　　　　　　　　　　　　1,250,000
　　　　매출총이익　　　　　　　　　　　　₩375,000

　　　2) 매출총이익　　　　　　　　　　　　₩375,000
　　　　이 자 수 익　　　　　　　　　　　　25,000
　　　　광　고　비　　　　　　　　　　　　(15,000)
　　　　임차료비용　　　　　　　　　　　　(60,000)
　　　　급　　　　여　　　　　　　　　　　(450,000)
　　　　당기순손실　　　　　　　　　　　（₩125,000)

　　　3) 자　본　금　　　　　　　　　　　　₩250,000
　　　　기초이익잉여금　　　　　　　　　　562,500
　　　　당기순손실　　　　　　　　　　　　(125,000)
　　　　　　　　　　　　　　　　　　　　　₩687,500

【4】

시　산　표

(주)석화　　　　　　　　　　　　　　20×1년 12월 31일

계 정 과 목	차　변	대　변
현　　　　　　　　금	₩643,000	
당　좌　예　금	693,500	
매　출　채　권	427,000	
비　　　　　　품	400,000	
매　입　채　무		₩234,000
미　지　급　금		24,500
차　　입　　금		375,000
자　　본　　금		1,400,000
용　역　수　익		997,000
이　자　수　익		25,000
매　출　원　가	472,000	
급　　　　　　여	210,000	
영　　업　　비	190,000	
이　자　비　용	20,000	
합　　　　　계	₩3,055,500	₩3,055,500

【5】

시 산 표

(주)은주   20×5년 12월 31일

계 정 과 목	차 변	대 변
현　　　　　금	₩ 3,190,000	
매　출　채　권	5,190,000	
비　　　　　품	4,450,000	
매　입　채　무		₩ 2,700,000
단　기　차　입　금		850,000
자　　본　　금		7,640,000
선　수　수　익		1,270,000
미　지　급　금		150,000
매　　　　　출		2,000,000
이　자　비　용	80,000	
매　출　원　가	1,600,000	
급　　　　　여	100,000	
합　　　　　계	₩14,610,000	₩14,610,000

【6】 1)

정 산 표

마포상사   (단위: 천원)

계정과목	수정전시산표		수정분개		수정후시산표		손익계산서		재무상태표	
	차변	대변	차변	대변	차변	대변	차변	대변	차변	대변
현　　금	₩5				₩5				₩5	
매 출 채 권	10				10				10	
소 모 품	11			④₩8	3				3	
선급보험료	8			③4	4				4	
건　　물	25				25				25	
감가상각누계액-건물		₩8		⑤2		₩10				₩10
매 입 채 무		4				4				4
선 수 수 익		2	①₩2			－				－
자 본 금		30				30				30
이익잉여금		2				2				2
용 역 수 익		40		①2		42		₩42		
급　　여	27		②3		30		₩30			
계	₩86	₩86								
보 험 료			③4		4		4			
소 모 품 비			④8		8		8			
감가상각비			⑤2		2		2			
미지급급여				②3		3				3
순 손 실								2	2	
합　　계			₩19	₩19	₩91	₩91	₩44	₩44	₩49	₩49

〈수정분개〉(단위: 천원)

	차변	금액		대변	금액
①	(차) 선 수 수 익	2	(대) 용 역 수 익		2
②	(차) 급 여	3	(대) 미 지 급 급 여		3
③	(차) 보 험 료	4	(대) 선 급 보 험 료		4
④	(차) 소 모 품 비	8	(대) 소 모 품		8
⑤	(차) 감 가 상 각 비	2	(대) 감가상각누계액-건물		2

2)

재 무 상 태 표

마포상사   (단위: 천원)

자 산			부채와 자본		
Ⅰ. 유동자산			Ⅰ. 유동부채		
1. 현 금	₩5		1. 매 입 채 무	₩4	
2. 매 출 채 권	10		2. 미 지 급 급 여	3	
3. 소 모 품	3		유동부채합계		₩7
4. 선급보험료	4		Ⅱ. 자 본		
유동자산합계		₩22	1. 자 본 금	₩30	
Ⅱ. 비유동자산			2. 이 익 잉 여 금	0	
1. 건 물	₩25		자본합계		30
감가상각누계액	(10)				
비유동자산합계		15			
자산총계		₩37	부채와 자본총계		₩37

【7】
① (차) 소 모 품 비   100   (대) 소 모 품   100
    (소모품의 감소액 ₩100을 소모품비로 처리)
② (차) 선 급 보 험 료   1,125   (대) 보 험 료   1,125
    (보험료 중 ₩1,125은 선급보험료로 처리)
③ (차) 임 차 료 비 용   3,150   (대) 선 급 임 차 료   3,150
    (선급임차료 중 ₩3,150은 임차료로 인식)
④ (차) 감 가 상 각 비   4,000   (대) 감가상각누계액-비품   4,000
    (감가상각비 ₩4,000을 인식)
⑤ (차) 공 과 금   100   (대) 미 지 급 공 과 금   100
    (미지급된 공과금 ₩100을 인식)
⑥ (차) 급   여   900   (대) 미 지 급 급 여   900
    (미지급된 급여 ₩900을 인식)
⑦ (차) 선 수 용 역 수 익   2,000   (대) 용 역 수 익   2,000
    (선수용역수익 중 ₩2,000을 수익으로 인식)

【8】 1), 2)

정 산 표

성지주식회사 (단위: 천원)

계정과목	수정전시산표		수정분개		수정후시산표		손익계산서		재무상태표	
	차변	대변	차변	대변	차변	대변	차변	대변	차변	대변
현　　　금	₩40				₩40				₩40	
매 출 채 권	50				50				50	
선급보험료	20			①₩10	10				10	
소 모 품	40			⑤30	10				10	
사 무 설 비	60				60				60	
감가상각누계액-사무설비		₩10	③10			₩20				₩20
매 입 채 무		30				30				30
선 수 수 익		30	②₩20			10				10
자 본 금		120				120				120
용 역 수 익		200		②20		220		₩220		
급　　　여	100		④10		110		₩110			
공 과 금	20				20		20			
배 당 금	60				60				60	
계	₩390	₩390								
보 험 료			①10		10		10			
감가상각비			③10		10		10			
미지급급여				④10		10				10
소 모 품 비			⑤30		30		30			
법인세비용			⑥10		10		10			
미지급법인세				⑥10		10				10
계			₩90	₩90	₩420	₩420				
당기순이익							30			30
계							₩220	₩220	₩230	₩230

〈수정분개〉(단위: 천원)

① (차) 보 험 료	10	(대) 선 급 보 험 료	10
② (차) 선 수 수 익	20	(대) 용 역 수 익	20
③ (차) 감 가 상 각 비	10	(대) 감가상각누계액-사무설비	10
④ (차) 급　　　여	10	(대) 미 지 급 급 여	10
⑤ (차) 소 모 품 비	30*	(대) 소 　 모 　 품	30
	* ₩40-10		
⑥ (차) 법인세비용	10	(대)미지급법인세	10

【9】 1), 2)

정 산 표

마포사 (단위: 천원)

계정과목	수정전시산표 차변	수정전시산표 대변	수정분개 차변	수정분개 대변	수정후시산표 차변	수정후시산표 대변	손익계산서 차변	손익계산서 대변	재무상태표 차변	재무상태표 대변
현 금	₩860				₩860				₩860	
매 출 채 권	2,700				2,700				2,700	
소 모 품	1,340			①₩1,270	70				70	
토 지	9,000				9,000				9,000	
건 물	52,250				52,250				52,250	
감가상각누계액-건물		₩21,000		②1,250		₩22,250				₩22,250
설 비	12,500				12,500				12,500	
감가상각누계액-설비		3,500		②5,250		8,750				8,750
매 입 채 무		2,410				2,410				2,410
단 기 차 입 금		20,000				20,000				20,000
선 수 임 대 료		2,300		④₩2,300		—				—
자 본 금		13,000				13,000				13,000
매 출		94,380				94,380		₩94,380		
급 여	24,500		③950		25,450		₩25,450			
공 과 금	2,640		⑤300		2,940		2,940			
이 자 비 용	2,200		⑥800		3,000		3,000			
매 출 원 가	48,600				48,600		48,600			
계	₩156,590	₩156,590								
소 모 품 비			①1,270		1,270		1,270			
감 가 상 각 비			②6,500		6,500		6,500			
미 지 급 급 여				③950		950				950
임 대 료 수 익				④2,300		2,300		2,300		
미 지 급 공 과 금				⑤300		300				300
미 지 급 이 자				⑥800		800				800
계							₩87,760	₩96,680		
순 이 익							8,920			8,920
합 계			₩12,120	₩12,120	₩165,140	₩165,140	₩96,680	₩96,680	₩77,380	₩77,380

〈수정분개〉(단위: 천원)

① (차) 소 모 품 비	1,270	(대) 소 모 품		1,270
② (차) 감 가 상 각 비	6,500	(대) { 감가상각누계액-건물		1,250
		감가상각누계액-설비		5,250
③ (차) 급 여	950	(대) 미 지 급 급 여		950
④ (차) 선 수 임 대 료	2,300	(대) 임 대 료 수 익		2,300
⑤ (차) 공 과 금	300	(대) 미지급공과금		300
⑥ (차) 이 자 비 용	800	(대) 미 지 급 이 자		800

【10】 (1) 수정분개

① (차) 소 모 품 비	1,200	(대) 소 모 품	1,200
② (차) 임차료비용	5,800	(대) 선급임차료	5,800
③ (차) 급　　　여	4,200	(대) 미지급급여	4,200
④ (차) 이 자 비 용	800	(대) 미지급이자	800

(2) 마감분개

① (차) 용 역 수 익	48,200	(대) 집 합 손 익	48,200
② (차) 집 합 손 익	16,300	(대) 급　　　여	16,300
③ (차) 집 합 손 익	5,800	(대) 임차료비용	5,800
④ (차) 집 합 손 익	2,000	(대) 이 자 비 용	2,000
⑤ (차) 집 합 손 익	1,200	(대) 소 모 품 비	1,200
⑥ (차) 집 합 손 익	22,900	(대) 이익잉여금	22,900

마감후 시산표

(주)서강 　　　　　　　　　　　　　　　　　　　20×9년 ×월 ×일

계 정 과 목	차 변	대 변
현　　　　　　금	₩11,500	
매 출 채 권	4,700	
소 　 모 　 품	1,600	
선 급 임 차 료	8,800	
토　　　　　지	43,600	
비　　　　　품	21,300	
매 입 채 무		₩3,400
미 지 급 급 여		4,200
미 지 급 이 자		800
자 　 본 　 금		50,000
이 익 잉 여 금		33,100
합　　　　　계	₩91,500	₩91,500

【11】 1)

정 산 표

(단위: 천원)

용산용역회사 　　　　　　　　　　　　　　　　　20×6년 11월 30일

계정과목	수정전시산표		수정분개		수정후시산표		손익계산서		재무상태표	
	차변	대변	차변	대변	차변	대변	차변	대변	차변	대변
현　　　금	₩475				₩475				₩475	
선급임차료	1,200			①₩600	600				600	
소 모 품	275			②225	50				50	
사 무 설 비	4,900				4,900				4,900	

계정과목	수정전시산표 차변	수정전시산표 대변	수정분개 차변	수정분개 대변	수정후시산표 차변	수정후시산표 대변	손익계산서 차변	손익계산서 대변	재무상태표 차변	재무상태표 대변
매 입 채 무		₩1,675				₩1,675				₩1,675
선 수 수 익		1,215		④575		1,790				1,790
자 본 금		4,000				4,000				4,000
용 역 수 익		3,380	④₩575	⑤180		2,985		₩2,985		
제세공과금	420				420		₩420			
급 여	3,000		⑥125		3,125		3,125			
계	₩10,270	₩10,270								
임차료비용			①600		600		600			
소 모 품 비			②225		225		225			
감가상각비			③200		200		200			
감가상각누계액-사무설비				③200		200				200
매 출 채 권			⑤180		180				180	
미지급급여				⑥125		125				125
계			₩1,905	₩1,905	₩10,775	₩10,775				
당기순손실								1,585	1,585	
계							₩4,570	₩4,570	₩7,790	₩7,790

2) ① 손익계산서(단위: 천원)

용산용역회사   20×6년 6월 1일~20×6년 11월 30일

Ⅰ. 용역수익		₩2,985
Ⅱ. 비 용		
1. 급 여	₩3,125	
2. 임차료비용	600	
3. 소모품비	225	
4. 감가상각비	200	
5. 제세공과금	420	(4,570)
Ⅲ. 당기순이익(순손실)		(₩1,585)

② 재무상태표(단위: 천원)

용산용역회사   20×6년 11월 30일

자 산			부채와 자본		
Ⅰ. 유동자산:			Ⅰ. 유동부채:		
1. 현 금	₩475		1. 매입채무	₩1,675	
2. 매출채권	180		2. 선수수익	1,790	
3. 선급임차료	600		3. 미지급급여	125	
4. 소 모 품	50		유동부채합계		₩3,590
유동자산합계		₩1,305	Ⅱ. 자 본:		
Ⅱ. 비유동자산:			1. 자 본 금	₩4,000	
1. 사무설비	₩4,900		2. 이익잉여금	(1,585)	
감가상각누계액	(200)		자본합계		2,415
비유동자산합계		4,700			
자산총계		₩6,005	부채와 자본총계		₩6,005

3) (1) 수정분개

① (차) 임차료비용	600	(대) 선 급 임 차 료	600
② (차) 소 모 품 비	225	(대) 소　모　품	225
③ (차) 감 가 상 각 비	200	(대) 감가상각누계액 – 사무설비	200
④ (차) 용 역 수 익	575	(대) 선　수　수　익	575
⑤ (차) 매 출 채 권	180	(대) 용　역　수　익	180
⑥ (차) 급　　여	125	(대) 미 지 급 급 여	125

(2) 마감분개

① (차) 용 역 수 익	2,985	(대) 집 합 손 익	2,985
② (차) 집 합 손 익	4,570	(대) 급　　　여	3,125
		임 차 료 비 용	600
		소　모　품　비	225
		감 가 상 각 비	200
		제 세 공 과 금	420
③ (차) 이익잉여금	1,585	(대) 집 합 손 익	1,585

4) 용산용역회사는 영업을 개시한 후 6개월 동안 ₩1,585의 손실을 기록하였는데, 이에 대한 이유로는 수익이 예상보다 적었거나 비용이 많이 지출되었기 때문일 것이다. 용산용역회사가 영업을 개시한 지 얼마 되지 않은 것을 미루어 볼 때, 이렇게 영업성과가 저조한 이유는 비용의 과대지출보다는 수익이 정상수준에 도달하지 못한 것이 더 클 것이므로 수익의 증대에 더욱 노력해야 할 것이다.

【12】 1) ① 거래의 분개

5/ 1 (차) 현　　　금	3,000	(대) 자 본 금	3,000
5/ 1 (차) 선급보험료	360	(대) 현　　금	360
5/ 1 (차) 임차료비용	320	(대) 현　　금	320
5/ 2 (차) 설　　비	1,900	(대) { 현　　금	300
		미지급금	1,600
5/ 5 (차) 소 모 품	195	(대) 미지급금	195
5/14 (차) 공 과 금	77	(대) 현　　금	77
5/15 (차) 현　　　금	431	(대) 용역수익	431
5/20 (차) 미 지 급 금	100	(대) 현　　금	100
5/29 (차) 배 당 금	400	(대) 현　　금	400
5/31 (차) 현　　　금	566	(대) 용역수익	566

② T계정에의 전기(단위: 천원)

현　　금

5/ 1	3,000	5/ 1	360
5/15	431	5/ 1	320
5/31	566	5/ 2	300
		5/14	77
		5/20	100
		5/29	400
		✔2,440	
	3,997	3,997	
6/ 1	✔2,440		

자 본 금

✔3,000	5/ 1	3,000	
3,000		3,000	
	6/ 1	✔3,000	

선급보험료

5/ 1	360	①	30
		✔330	
	360	360	
6/ 1	✔330		

임차료비용

	차변		대변
5/ 1	320	㉡	320
	320		320

설 비

	차변		대변
5/ 2	1,900		✔1,900
	1,900		1,900
6/ 1	✔1,900		

미지급금

	차변		대변
5/20	100	5/ 2	1,600
	✔1,695	5/ 5	195
	1,795		1,795
		6/ 1	✔1,695

소 모 품

	차변		대변
5/ 5	195	②	109
			✔86
	195		195
6/ 1	✔86		

공 과 금

	차변		대변
5/14	77	㉡	77
	77		77

용역수익

	차변		대변
㉠	997	5/15	431
		5/31	566
	997		997

배 당 금

	차변		대변
5/29	400	㉣	400
	400		400

보 험 료

	차변		대변
①	30	㉡	30
	30		30

소모품비

	차변		대변
②	109	㉡	109
	109		109

감가상각비

	차변		대변
③	25	㉡	25
	25		25

감가상각누계액

	차변		대변
	✔25	③	25
	25		25
		6/ 1	✔25

집합손익

	차변		대변
㉡	561	㉠	997
㉢	436		
	997		997

이익잉여금

	차변		대변
㉣	400	㉢	436
	✔36		
	436		436
		6/ 1	✔36

2)

정 산 표

(단위: 천원)

남영상사   20×5년 5월 1일~20×5년 5월 31일

계정과목	수정전시산표		수정분개		수정후시산표		손익계산서		재무상태표	
	차변	대변	차변	대변	차변	대변	차변	대변	차변	대변
현 금	₩2,440				₩2,440				₩2,440	
선급보험료	360			①₩30	330				330	
소 모 품	195			②109	86				86	
설 비	1,900				1,900				1,900	
미 지 급 금		₩1,695				₩1,695				₩1,695
자 본 금		3,000				3,000				3,000
용 역 수 익		997				997		₩997		
임차료비용	320				320		₩320			
공 과 금	77				77		77			
배 당 금	400				400				400	
계	₩5,692	₩5,692								
보 험 료			①₩30		30		30			
소 모 품 비			②109		109		109			
감 가 상 각 비			③25		25		25			
감가상각누계액-설비				③25		25				25
계			₩164	₩164	₩5,717	₩5,717				
당기순이익							436			436
							₩997	₩997	₩5,156	₩5,156

〈수정분개〉(단위: 천원)

① (차) 보 험 료	30	(대) 선급보험료	30
② (차) 소 모 품 비	109	(대) 소 모 품	109
③ (차) 감 가 상 각 비	25	(대) 감가상각누계액-설비	25

3) ① 손익계산서(단위: 천원)

남영상사   20××년 5월 1일~20××년 5월 31일

Ⅰ. 용역수익		₩997
Ⅱ. 비 용		
1. 임차료비용	₩320	
2. 공 과 금	77	
3. 보 험 료	30	
4. 소모품비	109	
5. 감가상각비	25	(561)
Ⅲ. 당기순이익		₩436

② 재무상태표(단위: 천원)

자 산			부채와 자본		
Ⅰ. 유동자산			Ⅰ. 유동부채:		
1. 현 금	₩2,440		미지급금	₩1,695	
2. 선급보험료	330		유동부채합계		₩1,695
3. 소 모 품	86		Ⅱ. 자 본:		
유동자산합계		₩2,856	1. 자 본 금	₩3,000	
Ⅱ. 비유동자산			2. 이익잉여금	36*	
1. 설 비	₩1,900		자본합계		3,036
감가상각누계액	(25)				
비유동자산합계		1,875			
자산총계		₩4,731	부채와 자본총계		₩4,731

* ₩436 − 400(배당금)

4) 마감분개(단위: 천원)

㉠ (차) 용 역 수 익	997	(대) 집 합 손 익	997	
㉡ (차) 집 합 손 익	561	(대) 임차료비용	320	
		공 과 금	77	
		보 험 료	30	
		소 모 품 비	109	
		감 가 상 각 비	25	
㉢ (차) 집 합 손 익	436	(대) 이익잉여금	436	
㉣ (차) 이익잉여금	400	(대) 배 당 금	400	

【13】 1) (단위: 천원)

5/ 1 (차) 임차료비용	1,200	(대) 현 금	1,200	
5/ 3 (차) 매 입 채 무	1,700	(대) 현 금	1,700	
5/ 5 (차) 현 금	3,250	(대) 매 출 채 권	3,250	
5/ 7 (차) 현 금	1,500	(대) 선 수 금	1,500	
5/ 7 (차) 선 급 금	6,000	(대) 현 금	6,000	
5/17 (차) 재 고 자 산	4,600	(대) 선 급 금	4,600	
5/25 (차) 배 당 금	2,000	(대) 현 금	2,000	
5/29 (차) 선급광고비	2,500	(대) 현 금	2,500	
5/31 (차) 법인세비용	150	(대) 현 금	150	
5/31 (차) 현 금	6,250	(대) 매 출	11,500	
매 출 채 권	5,250			
(차) 매 출 원 가	6,900	(대) 재 고 자 산	6,900	
5/31 (차) 급 여	1,800	(대) 미지급급여	1,800	

2), 3) (단위: 천원)

현 금(1)

기초잔액	7,650	5/ 1	1,200
5/ 5	3,250	5/ 3	1,700
5/ 7	1,500	5/ 7	6,000
5/31	6,250	5/25	2,000
		5/29	2,500
		5/31	150

매출채권(10)

기초잔액	4,500	5/ 5	3,250
5/31	5,250		

재고자산(20)

기초잔액	8,000	5/31	6,900
5/17	4,600		

소 모 품(25)

기초잔액	1,200		

선급광고비(27)

5/29	2,500		

선 급 금(29)

5/ 7	6,000	5/17	4,600

설 비(30)

기초잔액	4,200		

차량운반구(35)

기초잔액	6,500		

감가상각누계액－차량운반구(37)

		기초잔액	3,250

매입채무(40)

5/ 3	1,700	기초잔액	1,700

단기차입금(45)

		기초잔액	1,000

미지급급여(47)

		5/31	1,800

선 수 금(60)

		기초잔액	2,100
		5/ 7	1,500

미지급임차료(65)

		기초잔액	10,000

자 본 금(70)

		기초잔액	14,000

배 당 금(71)

5/25	2,000		

매 출(75)

		5/31	11,500

매출원가(77)

5/31	6,900		

임차료비용(80)

5/ 1	1,200		

급 여(85)

5/31	1,800		

법인세비용(90)

5/31	150		

시 산 표

동양관광주식회사 (단위: 천원) 20×6년 5월 31일

계정번호	계 정 과 목	차 변	대 변
1	현 금	₩5,100	
10	매 출 채 권	6,500	
20	재 고 자 산	5,700	
25	소 모 품	1,200	
27	선 급 광 고 비	2,500	
29	선 급 금	1,400	

30	설 비	4,200	
35	차 량 운 반 구	6,500	
37	감가상각누계액-차량운반구		₩3,250
40	매 입 채 무		―
45	단 기 차 입 금		1,000
47	미 지 급 급 여		1,800
60	선 수 금		3,600
65	미 지 급 임 차 료		10,000
70	자 본 금		14,000
71	배 당 금	2,000	
75	매 출		11,500
77	매 출 원 가	6,900	
80	임 차 료 비 용	1,200	
85	급 여	1,800	
90	법 인 세 비 용	150	
		₩45,150	₩45,150

【14】 1) ① (차) 감가상각비   15,000   (대) 감가상각누계액   15,000
    ② (차) 소 모 품 비   24,000   (대) 소 모 품   24,000
    ③ (차) 임대료수익   35,000   (대) 선수임대료   35,000
    ④ (차) 급 여   9,000   (대) 미지급급여   9,000
    ⑤ (차) 미 수 이 자   18,000   (대) 이 자 수 익   18,000

2)
매 출 채 권

기 초 잔 액	₩100,000	기중회수액	₩175,000
기 중 매 출 액	155,000	기 말 잔 액	80,000
	₩255,000		₩255,000

∴ 기초매출채권잔액＝₩100,000

3) ① 매 출   ₩300,000
    임 대 료 수 익   25,000(60,000－35,000)
    이 자 수 익   42,000(24,000＋18,000)
    매 출 원 가   (210,000)
    급 여   (54,000)(45,000＋9,000)
    소 모 품 비   (24,000)(30,000－6,000)
    감 가 상 각 비   (15,000)
    당 기 순 이 익   ₩64,000

    ② 현 금   ₩25,000
    매 출 채 권   80,000
    미 수 이 자   18,000
    상 품   33,000
    소 모 품   6,000
    건 물 순 액   171,000(216,000－45,000)
    자 산 총 액   ₩333,000

③ 매 입 채 무 ₩48,000
　 사 　 채 60,000
　 선수임대료 35,000
　 미지급급여 9,000
　 부 채 총 액 ₩152,000

④ 자 본 금 ₩105,000
　 이익잉여금 76,000(12,000＋64,000)
　 자 본 총 액 ₩181,000

4) 매 　 출 300,000 　 집합손익 367,000
　 임대료수익 25,000
　 이 자 수 익 42,000

　 집 합 손 익 303,000 　 매 출 원 가 210,000
　 급 　 여 54,000
　 소 모 품 비 24,000
　 감가상각비 15,000

　 집 합 손 익 64,000 　 이익잉여금 64,000

【15】 (1)

분 개 장

진선미상사   No. 1

일 자	적 요		원면	차 변	대 변
1 2	현 　 금		1	300,000	
		매 　 출	18		300,000
	매 출 원 가		22	126,000	
		상 　 품	3		126,000
	(현금매출을 하다)				
3	상 　 품		3	426,000	
		매입채무	8		426,000
	(신상품을 외상으로 매입하다)				
4	임차료비용		14	235,000	
		현 　 금	1		235,000
	(1월분의 임차료를 지급하다)				
7	현 　 금		1	300,000	
		매출채권	2		300,000
	(외상대금을 회수하다)				
9	매 출 채 권		2	700,000	
		매 　 출	18		700,000
	매 출 원 가		22	294,000	
		상 　 품	3		294,000
	(외상매출을 하다)				

분 개 장

일자		적 요	원면	차 변	대 변
	11	매입채무	8	400,000	
		현　금	1		400,000
		(매입채무를 결제하다)			
	15	급　여	15	412,000	
		현　금	1		412,000
		(종업원 급여를 지급하다)			
	18	상　품	3	400,000	
		현　금	1		400,000
		(상품을 현금으로 매입하다)			
1	19	매출채권	2	500,000	
		매　출	18		500,000
		매출원가	22	140,000	
		상　품	3		140,000
		(외상매출을 하다)			
	24	현　금	1	383,000	
		매출채권	2		383,000
		(외상대금을 회수하다)			
	27	현　금	1	200,000	
		매　출	18		200,000
		매출원가	22	70,000	
		상　품	3		70,000
		(현금매출을 하다)			
	28	매입채무	8	379,000	
		현　금	1		379,000
		(매입채무를 결제하다)			
	29	잡 비 용	17	64,000	
		현　금	1		64,000
		(잡비용을 지급하다)			
	30	배 당 금	19	300,000	
		미지급배당금	11		300,000
		(배당금을 지급하기로 결정 · 선언하다)			
	31	〈수정분개〉			
		보 험 료	16	1,000	
		선급보험료	4		1,000
		(선급보험료의 경과)			
		감가상각비	20	35,000	
		감가상각누계액	6		35,000
		(감가상각비 인식)			
		급　여	15	7,000	

분 개 장

일 자	적 요	원 면	차 변	대 변
1 31	미지급급여	10		7,000
	(미지급급여 인식)			
	이자비용	21	1,000	
	미지급이자	9		1,000
	(단기차입금이자의 인식)			
	〈마감분개〉			
	집합손익	23	1,385,000	
	임차료비용	14		235,000
	급　　여	15		419,000
	보 험 료	16		1,000
	잡 비 용	17		64,000
	감가상각비	20		35,000
	이 자 비 용	21		1,000
	매 출 원 가	22		630,000
	(비용계정의 마감)			

분 개 장

일 자	적 요	원 면	차 변	대 변
1 31	매 출	18	1,700,000	
	집합손익	23		1,700,000
	(수익계정의 마감)			
	집합손익	23	315,000	
	이익잉여금	13		315,000
	(집합손익계정의 마감)			
	이익잉여금	13	300,000	
	배 당 금	19		300,000
	(배당금계정의 마감)			

(2)

총 계 정 원 장

현 금 〈1〉

일 자		적 요	원면	차 변	대 변	잔 액
1	1	잔 액		884,000		884,000
	2	매 출	1	300,000		1,184,000
	4	임 차 료 비 용	1		235,000	949,000
	7	매 출 채 권	1	300,000		1,249,000
	11	매 입 채 무	1		400,000	849,000
	15	급 여	1		412,000	437,000
	18	상 품	1		400,000	37,000
	24	매 출 채 권	2	383,000		420,000
	27	매 출	2	200,000		620,000
	28	매 입 채 무	2		379,000	241,000
	29	잡 비 용	2		64,000	177,000
	31	잔 액	✔		177,000	0
				2,067,000	2,067,000	
2	1	잔 액	✔	177,000		177,000

매 출 채 권 〈2〉

일 자		적 요	원면	차 변	대 변	잔 액
1	1	잔 액	✔	545,000		545,000
	7	현 금			300,000	245,000
	9	매 출	1	700,000		945,000
	19	매 출	2	500,000		1,445,000
	24	현 금	2		383,000	1,062,000
	31	잔 액	✔		1,062,000	0
				1,745,000	1,745,000	
2	1	잔 액	✔	1,062,000		1,062,000

상 품 〈3〉

일 자		적 요	원면	차 변	대 변	잔 액
1	1	잔 액	✔	1,363,000		1,363,000
	2	매 출 원 가	1		126,000	1,237,000
	3	매 입 채 무	1	426,000		1,663,000
	9	매 출 원 가	1		294,000	1,369,000
	18	현 금	1	400,000		1,769,000
	19	매 출 원 가	2		140,000	1,629,000
	27	매 출 원 가	2		70,000	1,559,000

일 자		적 요	원면	차 변	대 변	잔 액
	31	잔　　　　　액	✔		1,559,000	0
				2,189,000	2,189,000	
2	1	잔　　　　　액	✔	1,559,000		1,559,000

선급보험료						〈4〉
일 자		적 요	원면	차 변	대 변	잔 액
1	1	잔　　　　　액	✔	8,000		8,000
	31	보　　험　　료	2		1,000	7,000
	31	잔　　　　　액	✔		7,000	0
				8,000	8,000	
2	1	잔　　　　　액	✔	7,000		7,000

건물과 설비						〈5〉
일 자		적 요	원면	차 변	대 변	잔 액
1	1	잔　　　　　액	✔	4,200,000		4,200,000
	31	잔　　　　　액	✔		4,200,000	0
				4,200,000	4,200,000	
2	1	잔　　　　　액	✔	4,200,000		4,200,000

감가상각누계액						〈6〉
일 자		적 요	원면	차 변	대 변	잔 액
1	1	잔　　　　　액	✔		1,680,000	1,680,000
	31	감 가 상 각 비	2		35,000	1,715,000
	31	잔　　　　　액	✔	1,715,000		0
				1,715,000	1,715,000	
2	1	잔　　　　　액	✔		1,715,000	1,715,000

단기차입금						〈7〉
일 자		적 요	원면	차 변	대 변	잔 액
1	1	잔　　　　　액	✔		100,000	100,000
	31	잔　　　　　액	✔	100,000		0
				100,000	100,000	
2	1	잔　　　　　액	✔			100,000

		매 입 채 무				〈8〉
일 자		적 요	원면	차 변	대 변	잔 액
1	1	잔 액	✔		662,000	662,000
	3	상 품	1		426,000	1,088,000
	11	현 금	1	400,000		688,000
	28	현 금	2	379,000		309,000
	31	잔 액	✔	309,000		0
				1,088,000	1,088,000	
2	1	잔 액	✔		309,000	309,000

		미지급이자				〈9〉
일 자		적 요	원면	차 변	대 변	잔 액
1	31	이 자 비 용	✔		1,000	1,000
	31	잔 액	✔	1,000		0
				1,000	1,000	
2	1	잔 액	✔		1,000	1,000

		미지급급여				〈10〉
일 자		적 요	원 면	차 변	대 변	잔 액
1	1	잔 액	✔		25,000	25,000
	31	급 여	3		7,000	32,000
	31	잔 액	✔	32,000		0
				32,000	32,000	
2	1	잔 액	✔		32,000	32,000

		미지급배당금				〈11〉
일 자		적 요	원 면	차 변	대 변	잔 액
1	30	배 당 금	2		300,000	300,000
	31	잔 액	✔	300,000		0
				300,000	300,000	
2	1	잔 액	✔		300,000	300,000

자 본 금					〈12〉
일 자	적 요	원면	차 변	대 변	잔 액
1 1	잔 액	✔		3,000,000	3,000,000
31	잔 액	✔	3,000,000		0
			3,000,000	3,000,000	
2 1	잔 액	✔		3,000,000	3,000,000

이익잉여금					〈13〉
일 자	적 요	원면	차 변	대 변	잔 액
1 1	잔 액	✔		1,533,000	1,533,000
31	집 합 손 익	4		315,000	1,848,000
31	배 당 금	4	300,000		1,548,000
31	잔 액	✔	1,548,000		0
			1,848,000	1,848,000	
2 1	잔 액	✔		1,548,000	1,548,000

임차료비용					〈14〉
일 자	적 요	원면	차 변	대 변	잔 액
1 4	현 금	1	235,000		235,000
31	집 합 손 익	3		235,000	0
			235,000	235,000	0

급 여					〈15〉
일 자	적 요	원면	차 변	대 변	잔 액
1 15	현 금	1	412,000		412,000
31	미 지 급 급 여	3	7,000		419,000
31	집 합 손 익	3		419,000	0
			419,000	419,000	

보 험 료					〈16〉
일 자	적 요	원면	차 변	대 변	잔 액
1 3	선 급 보 험 료	2	1,000		1,000
31	집 합 손 익	3		1,000	0
			1,000	1,000	

			잡 비 용			〈17〉
일 자		적 요	원 면	차 변	대 변	잔 액
1	29	현 금	2	64,000		64,000
	31	집 합 손 익	3		64,000	0
				64,000	64,000	

			매 출			〈18〉
일 자		적 요	원 면	차 변	대 변	잔 액
1	2	현 금	1		300,000	300,000
	9	매 출 채 권	1		700,000	1,000,000
	19	매 출 채 권	2		500,000	1,500,000
	27	현 금	2		200,000	1,700,000
	31	집 합 손 익	4	1,700,000		0
				1,700,000	1,700,000	

			배 당 금			〈19〉
일 자		적 요	원 면	차 변	대 변	잔 액
1	30	미 지 급 배 당 금	2	300,000		300,000
	31	이 익 잉 여 금	4		300,000	0
				300,000	300,000	

			감가상각비			〈20〉
일 자		적 요	원 면	차 변	대 변	잔 액
1	31	감 가 상 각 누 계 액	2	35,000		35,000
	31	집 합 손 익	3		35,000	0
				35,000	35,000	

			이 자 비 용			〈21〉
일 자		적 요	원 면	차 변	대 변	잔 액
1	31	미 지 급 이 자	3	1,000		1,000
	31	집 합 손 익	3		1,000	0
				1,000	1,000	

일 자		적 요	원면	차 변	대 변	잔 액
1	2	상　　　　품	1	126,000		126,000
	9	상　　　　품	1	294,000		420,000
	19	상　　　　품	2	140,000		560,000
	27	상　　　　품	2	70,000		630,000
	31	집 합 손 익	3		630,000	0
				630,000	630,000	

집 합 손 익 〈23〉

일 자		적 요	원면	차 변	대 변	잔 액
1	31	제 비 용	3	1,385,000		(1,385,000)
	31	제 수 익	4		1,700,000	315,000
	31	이 익 잉 여 금	4	315,000		
				1,700,000	1,700,000	

(3)

정 산 표

진선미상사　　　　　　　　　　　　　　　　　　　　20×2년 1월 1일~20×2년 1월 31일

계정과목	수정전시산표		수정분개		수정후시산표		손익계산서		재무상태표	
	차변	대변	차변	대변	차변	대변	차변	대변	차변	대변
현　　금	₩177,000				₩177,000				₩177,000	
매 출 채 권	1,062,000				1,062,000				1,062,000	
상　　품	1,559,000				1,559,000				1,559,000	
선급보험료	8,000			①1,000	7,000				7,000	
건물과설비	4,200,000				4,200,000				4,200,000	
감가상각누계액		₩1,680,000		②35,000		₩1,715,000				₩1,715,000
매 입 채 무		309,000				309,000				309,000
단기차입금		100,000				100,000				100,000
미지급급여		25,000	③25,000	③32,000		32,000				32,000
미지급배당금		300,000				300,000				300,000
자 본 금		3,000,000				3,000,000				3,000,000
이익잉여금		1,533,000				1,533,000				1,533,000
매　　출		1,700,000				1,700,000		₩1,700,000		
매 출 원 가	630,000				630,000		₩630,000			
임차료비용	235,000				235,000		235,000			
급　　여	412,000		③32,000	③25,000	419,000		419,000			
잡 비 용	64,000				64,000		64,000			

계정과목	차변	대변	차변	대변	차변	대변	차변	대변	차변	대변
배 당 금	300,000				300,000				300,000	
계	₩8,647,000	₩8,647,000								
보 험 료			①1,000		1,000		1,000			
감가상각비			③35,000		35,000		35,000			
이 자 비 용			④1,000		1,000		1,000			
미지급이자				④1,000		1,000				1,000
당기순이익							315,000			315,000
계			₩94,000	₩94,000	₩8,690,000	₩8,690,000	₩1,700,000	₩1,700,000	₩7,305,000	₩7,305,000

(4)

손 익 계 산 서

진선미상사   20×2년 1월 1일~20×2년 1월 31일

매　　　　　　출	₩1,700,000
매 　출 　원 　가	(630,000)
매 　출 　총 　이 　익	₩1,070,000
급　　　　　　여	(419,000)
임 　차 　료 　비 　용	(235,000)
보 　　 험 　　 료	(1,000)
감 　가 　상 　각 　비	(35,000)
잡 　　 비 　　 용	(64,000)
이 　　 자 　　 비 　　 용	(1,000)
당 　기 　순 　이 　익	₩315,000

(5)

재 무 상 태 표

진선미상사   20×2년 1월 31일

자　　산		부채와 자본	
Ⅰ. 유동자산		Ⅰ. 유동부채	
1. 현　　　　금	₩177,000	1. 매 입 채 무	₩309,000
2. 매 출 채 권	1,062,000	2. 단기차입금	100,000
3. 상　　　　품	1,559,000	3. 미지급급여	32,000
4. 선급보험료	7,000	4. 미지급이자	1,000
유동자산합계	₩2,805,000	5. 미지급배당금	300,000
Ⅱ. 비유동자산		유동부채합계	₩742,000
1. 건물과 설비		Ⅱ. 자　　본	
감가상각누계액 ₩4,200,000		1. 자 　본 　금	₩3,000,000
(1,715,000)		2. 이익잉여금	1,548,000*
비유동자산합계	2,485,000	자본합계	4,548,000
자산총계	₩5,290,000	부채와 자본총계	₩5,290,000

* ₩1,533,000 + 315,000 − 300,000

(6)

마 감 후 시 산 표

진선미상사   20×2년 1월 31일

계 정 과 목	차 변	대 변
현 금	₩177,000	
매 출 채 권	1,062,000	
상 품	1,559,000	
선 급 보 험 료	7,000	
건 물 과 설 비	4,200,000	
감 가 상 각 누 계 액		₩1,715,000
매 입 채 무		309,000
단 기 차 입 금		100,000
미 지 급 이 자		1,000
미 지 급 급 여		32,000
미 지 급 배 당 금		300,000
자 본 금		3,000,000
이 익 잉 여 금		1,548,000
	₩7,005,000	₩7,005,000

(참고) 수정분개

① (차) 보 험 료   1,000*   (대) 선급보험료   1,000
　　* ₩8,000 × 1/8
② (차) 감가상각비   35,000   (대) 감가상각누계액   35,000
③*(차) 급   여   7,000   (대) 미지급급여   7,000
　　* 이와 같은 분개는 급여를 현금으로 지급할 때 어떻게 분개하는가에 따라서 달라지게 되는데,
　　만약 20×2년 1월 15일의 거래를
　　(차) 미지급급여   25,000   (대) 현   금   412,000
　　　　급   여   387,000
　　로 분개하였다면 수정분개는 다음과 같다.
　　(차) 급   여   32,000   (대) 미지급급여   32,000
④ (차) 이자비용   1,000*   (대) 미지급이자   1,000
　　* ₩100,000 × 12% × 1/12

【16】 1) ₩24(수정전 시산표상의 차변합계 − 이익잉여금을 제외한 대변합계)
　　　2) ① (차) 미 수 이 자   3   (대) 이 자 수 익   3
　　　　　② (차) 급   여   1   (대) 미 지 급 급 여   1
　　　　　③ (차) 소 모 품 비   4   (대) 소 모 품   4
　　　　　④ (차) 선수임대료   4   (대) 임 대 료 수 익   4
　　　　　⑤ (차) 보 험 료   2   (대) 선 급 보 험 료   2
　　　　　⑥ (차) 감가상각비   5   (대) 감가상각누계액   5

3)

<table>
<tr><td colspan="4" align="center">재 무 상 태 표</td></tr>
<tr><td colspan="2" align="center">자 산</td><td colspan="2" align="center">부채와 자본</td></tr>
<tr><td colspan="2">유동자산:</td><td colspan="2">유동부채:</td></tr>
<tr><td>현 금</td><td>₩ 5</td><td>매 입 채 무</td><td>₩11</td></tr>
<tr><td>미 수 이 자</td><td>13</td><td>미지급급여</td><td>1</td></tr>
<tr><td>소 모 품</td><td>14</td><td>선수임대료</td><td>2</td></tr>
<tr><td>선급보험료</td><td>6</td><td>유동부채계</td><td>₩14</td></tr>
<tr><td>상 품</td><td>9</td><td>자 본:</td><td></td></tr>
<tr><td>유동자산계</td><td>₩47</td><td>자 본 금</td><td>30</td></tr>
<tr><td>비유동자산:</td><td></td><td>이 익 잉 여 금</td><td>33</td></tr>
<tr><td>건 물</td><td>50</td><td>(당기순이익 9)</td><td></td></tr>
<tr><td>감가상각누계액</td><td>(20)   30</td><td>자 본 계</td><td>63</td></tr>
<tr><td>자 산 총 계</td><td>₩77</td><td>부채와 자본총계</td><td>₩77</td></tr>
</table>

① 자 산 총 계: ₩77

② 부 채 총 계: ₩14

③ 이익잉여금: ₩24＋9＝₩33

【17】 1)

현 금			소모품비		
	10,000		② 2,300	㉯	2,300
⑥ 11,000					

상 품		매입채무	
7,000			6,000

사 채		소 모 품	
	10,000	4,300	② 2,300

이익잉여금		건 물	
㉱ 2,000	6,000	25,000	
	㉰ 19,700		

자 본 금		감가상각누계액 – 건물	
	20,000		5,000
		④	2,500

매 출		차 량	
㉮ 54,000	54,000	15,000	⑥ 15,000

선수임대료		감가상각누계액 – 차량	
① 200	800	⑥ 5,000	2,500
			⑤ 2,500

토 지		수수료수익	
18,000		㉮ 13,000	13,000

급　여			
	23,000	④	24,000
③	1,000		

매출원가			
	15,000	④	15,000

임대료수익			
㉮	220	①	200

미지급급여			
		③	1,000

감가상각비			
④	2,500	④	5,000
⑤	2,500		

유형자산처분이익			
㉮	1,000	⑥	1,000

배　당　금			
⑦	2,000	㉰	2,000

미지급배당금			
		⑦	2,000

이자비용			
⑧	200	④	200

미지급이자			
		⑧	200

법인세비용			
⑨	2,000	④	2,000

미지급법인세			
		⑨	2,000

집합손익			
④	48,500	㉮	68,200
㉰	19,700		

(1) 수정분개

① (차) 선 수 임 대 료 　　200　　(대) 임 대 료 수 익 　　200*
　　　* ₩800 × 1/4
② (차) 소 모 품 비 　　2,300　　(대) 소 　 모 　 품 　　2,300
③ (차) 급 　　　　여 　　1,000　　(대) 미 지 급 급 여 　　1,000
④ (차) 감 가 상 각 비 　　2,500　　(대) 감가상각누계액-건물 　　2,500
⑤ (차) 감 가 상 각 비 　　2,500*　　(대) 감가상각누계액-차량 　　2,500
　　　* ₩15,000 × 1/6
⑥ (차) 현 　　　　금 　　11,000　　(대) 차 　　　　량 　　15,000
　　　감가상각누계액-차량 　　5,000　　　유형자산처분이익 　　1,000
⑦ (차) 배 　 당 　 금 　　2,000　　(대) 미 지 급 배 당 금 　　2,000
　　　(또는 이익잉여금)
⑧ (차) 이 자 비 용 　　200*　　(대) 미 지 급 이 자 　　200
　　　* ₩10,000 × 12% × 1/12 × 2
⑨ (차) 법 인 세 비 용 　　2,000　　(대) 미 지 급 법 인 세 　　2,000

(2) 마감분개

㉮ (차) 매 　　　　출 　　54,000　　(대) 집 　 합 　 손 　 익 　　68,200
　　　수 수 료 수 익 　　13,000
　　　임 대 료 수 익 　　200
　　　유형자산처분이익 　　1,000
④ (차) 집 　 합 　 손 　 익 　　48,500　　(대) 소 　 모 　 품 　 비 　　2,300
　　　　　　　　　　　　　　　　　　급 　　　　　 여 　　24,000
　　　　　　　　　　　　　　　　　　매 　 출 　 원 　 가 　　15,000

			감 가 상 각 비	5,000
			이 자 비 용	200
			법 인 세 비 용	2,000
㉰ (차) 집 합 손 익	19,700	(대) 이 익 잉 여 금	19,700
㉱ (차) 이 익 잉 여 금	2,000	(대) 배 당 금	2,000

2)

재 무 상 태 표

도화상사   20×6년 12월 31일

자 산			부채와 자본		
Ⅰ. 유동자산			Ⅰ. 유동부채		
1. 현 금	₩21,000		1. 매 입 채 무	₩6,000	
2. 상 품	7,000		2. 선 수 임 대 료	600	
3. 소 모 품	2,000		3. 미 지 급 급 여	1,000	
유동자산합계		₩30,000	4. 미 지 급 이 자	200	
Ⅱ. 비유동자산			5. 미 지 급 배 당 금	2,000	
1. 토 지	₩18,000		6. 미 지 급 법 인 세	2,000	
2. 건 물	25,000		유동부채합계		₩11,800
감가상각누계액	(7,500)		Ⅱ. 비유동부채		
비유동자산합계		35,500	사 채		10,000
			Ⅲ. 자 본		
			1. 자 본 금	₩20,000	
			2. 이익잉여금	23,700*	43,700
자산총계		₩65,500	부채와 자본총계		₩65,500

* ₩6,000＋₩19,700－₩2,000

손 익 계 산 서

도화상사   20×6년 1월 1일～20×6년 1월 31일

매 출	₩54,000
매 출 원 가	(15,000)
매 출 총 이 익	₩39,000
수 수 료 수 익	13,000
임 대 료 수 익	200
유 형 자 산 처 분 이 익	1,000
소 모 품 비	(2,300)
급 여	(24,000)
감 가 상 각 비	(5,000)
이 자 비 용	(200)
법 인 세 비 용	(2,000)
당 기 순 이 익	₩19,700

익힘문제 답안

【1】 대손충당금의 수정후 기말잔액이 ₩5,000이 되도록 수정분개를 해야 한다. 즉 수정전 대손충당금 잔액과 비교하여 추가적으로 설정하거나 환입해야 할 액수를 정하고 관련분개를 해야 한다.

수정전대손충당금 〉 ₩5,000: (차) 대손충당금 ×××　　　　　　　(대) 대손충당금환입액 ×××
수정전대손충당금 〈 ₩5,000: (차) 대손상각비 ×××　　　　　　　(대) 대 손 충 당 금 ×××

【2】 대손충당금과 감가상각누계액은 각각 매출채권과 유형자산에 대한 차감계정이라는 점에서 유사하며, 두 계정은 수익·비용대응의 원칙에 따라 기간손익을 적정히 계산하는 과정에서 발생한다는 점에서도 유사하다. 그러나 다음과 같은 차이점이 있다.

첫째, 대손충당금은 수익비용대응을 위하여 미래에 발생할 비용을 추정하는 과정에서 발생하고, 감가상각누계액은 이미 확정된 금액을 기간 배분하는 과정에서 발생한다.

둘째, 대손충당금은 재무상태표접근법에 의해 자산의 적절한 평가를 위하여 설정하나, 감가상각누계액은 자산의 평가과정에서 발생하는 것이 아니고 원가배분과정에서 발생한다.

셋째, 대손충당금은 매년마다 대손확정시에 반대조정이 발생하지만, 감가상각누계액은 유형자산을 처분할 때 한꺼번에 반대조정이 발생한다.

【3】 대손충당금을 설정하지 않고 실제 대손이 발생할 때에 매출채권에서 직접 차감하는 직접법은 수익비용대응의 원칙에 위배된다. 직접법에 의하여 대손회계처리를 하면, 수익은 매출시점에서 인식하고 그와 관련된 비용은 차후에 실제로 대손이 발생하는 시점에서 인식하게 되어 수익과 비용이 적절히 대응되지 못한다. 그러므로 수익비용대응의 원칙을 준수하려면 대손비용을 추정하여 비용을 인식하고 대손충당금을 설정하여야 한다.

【4】 대손충당금을 줄이고(차기하고) 매출채권계정 잔액을 줄이는 분개를 한다. 이 분개는 손익계산서에는 영향을 미치지 않는다. 재무상태표에서는 매출채권계정과 대손충당금계정 잔액이 동일한 금액으로 감소되나, 대손확정 전과 확정 후의 매출채권 장부가액에는 변화가 없다.

【5】 대손충당금환입액은 수정전 대손충당금잔액이 목표대손충당금잔액(매출채권－회수가능액)보다 클 때 나타나게 된다. 즉 과거에 대손을 실제 발생할 금액보다 과다하게 추정한 경우에 당기 말에 이를 조정하면서 나타난다.

【6】 매출할인은 판매자가 일정한 현금할인기간 내에 대금을 지급한 구매자에게 송장가격에서 일정률을 할인하여 주는 것이다. 그리고 2/10, n/30 조건은 10일 이내에 외상대금을 지불하면 총외상대금 중 2%를 할인해 주고, 30일 이내에는 전액을 모두 지불하여야 한다는 뜻이다.

【7】 자산의 매각에 해당하는 어음할인은 지급어음을 처분하는 거래로서, 이때에 현금수령액과 받을어음의 장부가와의 차이는 받을어음처분손실로 인식된다. 한편 어음을 담보로 한 차입에 해당하는 어음할인은 그 본질이 차입거래이기 때문에 대변에 단기차입금을 기록하고, 현금수령액과 받을어음 장부가액과의 차이를 이자비용으로 인식한다.

자산의 매각에 해당하는 어음할인과 차입에 해당하는 어음할인의 차이를 예를 들어 살펴보자. 액면가 10원인 어음을 할인받아 8원을 수취하였고 이 거래가 매각에 해당한다면 그 거래는 다음과 같다.

(차) 현 금	8	(대) 단기차입금	10
받을어음처분손실	2		

반면에 이 거래가 차입에 해당한다면 그 회계처리는 다음과 같다.

(차) 현 금	8	(대) 단기차입금	10
이 자 비 용	2		

【 8 】 현금은 유동성이 가장 높은 자산으로서 재화나 용역을 구입하는 데 사용되는 대표적인 교환의 수단이며, 현재의 채무를 상환하는 데 쉽게 이용할 수 있는 지불수단이다. 회계상 현금은 수중에 있는 현금과 은행에 있는 현금인 예금으로 구분할 수 있다. 수중에 있는 현금은 통화뿐만 아니라 언제든지 통화와 교환할 수 있는 통화대용증권을 포함한다. 통화대용증권에는 타인발행당좌수표, 은행발행자기앞수표, 송금수표, 우편환증서 등이 있다. 은행에 있는 현금은 당좌예금 및 보통예금 등의 요구불예금으로서 현금으로 전환하는 데 전혀 지장이 없는 예금을 말한다.

【 9 】 사용이 제한된 예금은 만기와 성격에 따라 현금성자산, 단기금융상품 또는 장기금융상품으로 구분될 수 있다.

【10】 자기앞수표를 현금으로 바꾸어도 회계상 분개는 필요 없다. 왜냐하면, 자기앞수표도 현금에 포함되므로 현금에서 현금으로 계정과목 내에서의 이동은 분개가 불필요하기 때문이다.

【11】 내부통제란 기업의 자산을 보호하려는 차원에서 설계된 조직의 정책 및 절차를 의미한다. 현금은 가장 유동적인 자산일 뿐만 아니라 빈번히 유입되고 유출되기 때문에 도난, 횡령, 오류의 가능성이 많다. 따라서 현금에 대한 계획 및 통제는 기업에 있어서 매우 중요한 업무이므로 적절한 내부통제가 필요하다. 현금관련 내부통제를 위해서 첫째, 현금관리를 함에 있어서 책임을 분리시키고 둘째, 승인받지 않은 거래가 이루어지지 않도록 적절한 통제시스템을 설계하고 셋째, 적절한 장부정리를 위한 체계적인 장치를 마련하고 넷째, 현금수납기능과 현금지출기능을 분리시키고 다섯째, 유입된 현금은 그날로 예입하고 여섯째, 고의적이거나 비고의적인 사고를 방지하기 위하여 적극적인 노력을 기울여야 한다.

【12】 현금은 유동성이 크고 거래가 빈번하므로 부정이 개입될 여지가 많고, 오류의 가능성도 크다. 따라서 내부통제 목적으로 현금수납기능과 현금지출기능 및 기장업무를 분리한다. 현금수납과 지출이 기장업무와 분리되어 있으므로 각 기능간에 계속적인 의사소통이 필요하며 기장업무의 양이 증가되거나 지연되는 등 상당한 불편이 따른다. 그러나 상호 검증과 부정방지를 위해서는 업무분장을 하는 것이 효과적이므로 내부통제목적상 물리적 처리와 회계기록기능의 분리는 필수적이다.

【13】 은행은 당좌예금 고객에게 정기적으로 고객의 당좌예금계정에 관련되어 발생한 거래내용을 요약한 보고서를 보내는데 이를 은행계정명세서(bank statement)라 한다.

【14】 기업의 총계정원장상의 당좌예금잔액과 은행계정명세서상의 당좌예금잔액은 누락이나 오류로 인하여 상이할 수 있다. 이 경우에 은행계정조정표를 작성하면 차이를 일목요연하게 파악하여 정리할 수 있고, 정확한 당좌예금잔액을 알 수 있으며, 수정분개를 위한 자료를 얻을 수 있다.

【15】 수취채권이란 기업이 영업활동을 수행하는 과정에서 재화나 용역을 외상으로 판매하고 그 대가로 미래에 현금을 수취할 권리를 획득하는 경우, 또는 다른 기업에 자금을 대여하고 그 대가로 차용증 서나 어음을 수취하는 경우 등에서 발생하는 미래에 현금을 받을 권리를 통칭하는 것이다. 수취채권 은 다양한 거래결과로 인하여 발생하지만 주로 신용거래와 관련하여 발생하거나, 투자활동 중 대여 와 관련하여 발생한다. 그러므로 수취채권은 신용거래를 통하여 매출을 증대하고자 하는 경우나 대 여를 통하여 이익을 얻고자 하는 경우에 발생한다. 수취채권에는 매출채권, 단기대여금, 미수금, 미 수수익 등이 있다.

연습문제 해답

【1】

<table>
<tr><td colspan="3">은 행 계 정 조 정 표</td></tr>
<tr><td>조정전 회사장부잔액(4)</td><td></td><td>₩5,873</td></tr>
<tr><td>가산: 은행이 회수한 받을어음추심액(8)</td><td></td><td>600</td></tr>
<tr><td></td><td></td><td>₩6,473</td></tr>
<tr><td>차감: 추심수수료(8)</td><td>₩2</td><td></td></tr>
<tr><td>장부기입오류(5)</td><td>18</td><td>(20)</td></tr>
<tr><td>조정된 회사장부잔액(2)</td><td></td><td>₩6,453</td></tr>
<tr><td>조정전 은행계정명세서잔액(3)</td><td></td><td>₩7,532</td></tr>
<tr><td>가산: 은행오류 결제수표(7)</td><td></td><td>54</td></tr>
<tr><td></td><td></td><td>₩7,586</td></tr>
<tr><td>차감: 은행 미결제수표(6)</td><td></td><td>(1,133)</td></tr>
<tr><td>조정된 은행잔액(1)</td><td></td><td>₩6,453</td></tr>
</table>

【2】 (1) (차) 당 좌 예 금　　650　　　(대) 매 출 채 권　　650
　　　(2) (차) 은 행 수 수 료　　30　　　(대) 당 좌 예 금　　30
　　　(3) (차) 당 좌 예 금　　40　　　(대) 임 차 료 비 용　　40
　　　(4) (차) 매 출 채 권　　80　　　(대) 당 좌 예 금　　80
　　　　　 (차) 부 도 수 표　　80　　　(대) 매 출 채 권　　80

【3】 20×1. 10. 9 (차) 소 액 현 금　　20,000　　　(대) 당좌예금　　20,000
　　　 20×1. 11. 4 (차) 소 모 품 비　　4,200　　　(대) 당좌예금　　16,950
　　　　　　　　　　　　 운 송 비　　2,100
　　　　　　　　　　　　 광고선전비　　6,300
　　　　　　　　　　　　 접 대 비　　2,750
　　　　　　　　　　　　 수도광열비　　340
　　　　　　　　　　　　 여비교통비　　900
　　　　　　　　　　　　 현금과부족　　360*
　　　 * 분개의 대차를 맞추기 위한 대입치

【4】 약속어음의 액면이자율은 11%이고 시장유효이자율은 12%이므로 이 약속어음의 수익률은 다른 자산에 비해 낮다. 그리고 어음금액을 시장유효이자율로 할인하면 ₩995.2*이므로 은행에서는 이 금액을 지불하려 할 것이다. 이 금액은 시장이자율 12%를 적용했을 때의 실질원금으로 은행은 이 금액을 지불함으로써 실질적으로 시장이자율만큼 이자수익을 얻게 된다.

* 어음의 액면금액	₩1,000
만기까지의 이자	36.7(₩1,000×11%×4/12)
어음의 만기가액	₩1,036.7
시장유효이자율	× 0.04(12%×4/12)
할 인 액	₩41.5
지 급 액	₩1,036.7−41.5=₩995.2

【5】 1) 1월 10일 (차) 외상매출금 10,000 (대) 매가증증출 10,000

3월 1일 (차) 받 을 어 음 10,000 (대) 외상매출금 10,000

7월 1일 (차) 현 금 10,400 (대) 받 을 어 음 10,000
　　　　　　　 * ₩10,000×12%×4/12 　　이 자 수 익 400*

2) (차) 부도어음(외상매출금) 10,000 (대) 받 을 어 음 10,000

【6】 1) 4월 1일 (차) 받 을 어 음 8,000 (대) 매을어어출 8,000

6월 1일 (차) 미 수 이 자 160 (대) 이 자 수 익 160

(차) 현 금 8,056* (대) 차 입 금 8,000
　　 이 자 비 용 104 　　미 수 이 자 160

* 어음의 액면금액	₩8,000
만기까지의 이자	480(₩8,000×12%×4/12)
어음의 만기가액	₩8,480
시장유효이자율	× 0.05(0.15×4/12)
할 인 액	₩424
지 급 액	₩8,480−424=₩8,056

10월 1일 (차) 차 입 금 8,000 (대) 받을어음 8,000

2) (차) 차 입 금 8,000 (대) 받을어음 8,000
(차) 부도어음(외상매출금) 8,495* (대) 현 금 8,495
　　　 * ₩8,495=만기가액(₩8,480)+지급거절수수료(₩15)

3) (차) 현 금 8,495 (대) 부도어음 8,495

【7】 1) 5월 10일 (차) 받을어음 6,600 (대) 매 출 6,600

7월 25일 (차) 현 금 6,307* (대) 차 입 금 6,600
　　　 이자비용 293

* 어음의 액면금액	₩6,600
할 인 액	293(₩6,600×0.15×$\frac{108}{365}$)
현금수취액	₩6,307

11월 10일 (차) 차 입 금 6,600 (대) 받을어음 6,600

2) 5월 10일과 7월 25일의 분개는 같다.

11월 10일 (차) 차 입 금 6,600 (대) 받을어음 6,600
　　　　　　　 부도어음 6,600 　　현 금 6,600

【8】 ⑴ 신수회사에 상품을 ₩300에 외상으로 매출하다.

⑵ 신수회사에 외상으로 매출한 상품 중 ₩15만큼 반품되다.

⑶ 신수회사에 매출채권에 대해 약속어음을 받다.

⑷ 약속어음을 ₩290에 할인하였는데, 이 거래는 어음의 매각에 해당한다.

【9】
상품판매일	(차) 매 출 채 권	2,400,000	(대) 매 출	2,400,000
대금회수일	(차) 현 금	2,352,000	(대) 매 출 채 권	2,400,000
	매출할인(매출)	48,000		

【10】
총외상매출	₩180,000,000
총현금매출	60,000,000
매 출 할 인	(2,000,000)
매 출 환 입	(4,000,000)
순 매 출 액	₩234,000,000

【11】 1)

매 출 채 권

기 초 잔 액	6,000	당기회수액	17,000
기중매출액	15,000	기 말 잔 액	4,000
	₩21,000		₩21,000

∴ 당기외상매출액＝₩15,000

2)

매 입 채 무

당기지급액	16,000	기 초 잔 액	9,000
기 말 잔 액	7,000	당기매입액	14,000
	₩23,000		₩23,000

∴ 기초잔액＝₩9,000

3)

현 금

기 초 잔 액	4,000	외 상 지 불	16,000
외 상 회 수	17,000	기 말 잔 액	5,000
	₩21,000		₩21,000

∴ 기말잔액＝₩5,000

【12】 목표충당금설정액: ₩428,000 － 417,300 ＝ ₩10,700

경우 1	(차) 대 손 상 각 비	10,700	(대) 대 손 충 당 금	10,700
경우 2	(차) 대 손 상 각 비	4,400	(대) 대 손 충 당 금	4,400
경우 3	(차) 대 손 충 당 금	4,300	(대) 대손충당금환입	4,300

【13】 목표충당금설정액 ₩600,000 － ₩585,000 ＝ ₩15,000

기말수정분개금액	6,000
수정전 대손충당금잔액	₩ 9,000

제각된 매출채권＝기초 대손충당금잔액 － 수정전 대손충당금잔액

＝₩12,000 － 9,000 ＝ ₩3,000

【14】 (1) 매출채권 중 ₩40,000이 대손으로 확정되었다.
     (2) 전기나 당기에 대손확정처리한 ₩3,000이 회수되었다.

【15】 (1) (차) 대손충당금   1,000   (대) 매 출 채 권   1,000
     (2) 20×6년말 매출채권 잔액   ₩190,000
        20×6년말 매출채권의 회수가능액   ₩180,000
        목표충당금설정액 ₩190,000－₩180,000＝   ₩10,000
        수정전 대손충당금 잔액   ₩9,000
        (차) 대손상각비   1,000   (대) 대손충당금   1,000

【16】 1) ① (차) 매 출 채 권   1,215,000   (대) 매   출   1,215,000
        ② (차) 매출환입및에누리   75,000   (대) 매 출 채 권   75,000
        ③ (차) 현   금   1,150,000   (대) 매 출 채 권   1,150,000
        ④ (차) 대손충당금   16,000   (대) 매 출 채 권   16,000
        ⑤ (차) 매 출 채 권   2,000   (대) 대손충당금   2,000
              현   금   2,000   매 출 채 권   2,000

     2)

매 출 채 권				대손충당금			
기초잔액	314,000	②	75,000	④	16,000	기초잔액	19,400
①	1,215,000	③	1,150,000	⑥	1,080	⑤	2,000
⑤	2,000	④	16,000				
		⑤	2,000				

     3) 목표충당금설정액   ₩288,000－₩283,680＝₩4,320
        수정전 대손충당금잔액   5,400
        대손충당금 환입액   ₩1,080
        ⑥ (차) 대손충당금   1,080   (대) 대손충당금환입   1,080

     4) 매출채권잔액   ₩288,000
        대손충당금잔액   ₩4,320

【17】 여기에서는 매출채권을 제각할 때 대손충당금잔액 부족시 부족분을 대손상각비로 기록하는 방법과 대
     손충당금잔액 부족 여부와 관계없이 대손충당금을 감소시키는 회계처리를 보인다. 어느 방법을 이용하
     든 손익계산서의 대손상각비와 재무상태표의 대손충당금은 같다.

     〈제각시 대손충당금잔액이 부족하면 대손상각비로 기록하는 방법〉
     제 1 기
        6/26   (차) 대손상각비   9,000   (대) 매 출 채 권   9,000
        12/31   (차) 대손상각비   6,000   (대) 대손충당금   6,000
     제 2 기
        5/30   (차) 대손충당금   3,000   (대) 매 출 채 권   3,000
        12/31   (차) 대손상각비   3,000   (대) 대손충당금   3,000
     제 3 기
        4/10   (차) 대손충당금   2,000   (대) 매 출 채 권   2,000
        7/ 5   (차) 대손충당금   3,000   (대) 매 출 채 권   3,000
        9/14   (차) 매 출 채 권   2,000   (대) 대손충당금   2,000
                (차) 현   금   2,000   (대) 매 출 채 권   2,000

10/ 5	(차) 매 출 채 권	3,000	(대) 대손충당금		3,000
	(차) 현 금	3,000	(대) 매 출 채 권		3,000
11/11	(차) 대손충당금	5,000	(대) 매 출 채 권		5,000
12/31	(차) 대손상각비	8,000	(대) 대손충당금		8,000

〈제각시 대손충당금잔액부족 여부에 관계없이 대손충당금을 감소시키는 방법〉

제 1 기

6/26	(차) 대손충당금	9,000	(대) 매 출 채 권		9,000
12/31	(차) 대손상각비	15,000*	(대) 대손충당금		15,000

* 목표대손충당금(₩200,000 − 194,000) − 수정전대손충당금(− 9,000)

제 2 기와 제 3 기의 분개는 위와 같다.

금융자산(유가증권)

제 7 장

익힘문제 답안

【1】 FVPL금융자산과 FVOCI금융자산은 모두 공정가치로 평가하는 금융자산에 속한다. 두 종류 금융자산의 차이는 평가손익을 어떻게 보고하느냐에 있다. FVPL금융자산의 평가손익은 손익계산서에 당기손익으로 보고되지만 FVOCI금융자산의 평가손익은 포괄손익계산서에 기타포괄손익으로 보고되며, 재무상태표에 기타포괄손익누계액으로 보고된다.

【2】 FVPL금융자산평가손실은 회계기말 현재 금융자산의 공정가치(시가)가 장부가치보다 작을 때 발생한다. 금융자산의 장부가치는 회계기간 중에 금융자산이 취득되었다면 취득원가이고 지난 회계기말에 공정가치로 평가되었다면 지난 회계기말 현재의 공정가치가 된다. FVPL금융자산평가이익은 회계기말 현재 금융자산의 공정가치(시가)가 장부가치보다 클 때 발생한다. FVPL금융자산의 평가손익은 일정시점에서 기업이 '보유하고 있는' 금융자산에 대한 공정가치와 장부가치의 차이로 측정된 미실현손익을 뜻하며, FVPL금융자산의 처분손익은 기업이 '매각처분한' 금융자산에 대해 처분가(처분시점의 공정가치)와 장부가치의 차이로 인식된 실현손익을 뜻한다.

【3】 채무증권은 기업이나 정부 등의 공공기관이 일정기간 동안 이자와 원금을 지급하겠다는 약정을 표시한 증권을 뜻한다. 채무증권을 취득하는 투자자는 채무증권 발행기관의 채권자가 된다. 투자자 입장에서 채무증권은 회계처리 목적상 FVPL금융자산, FVOCI금융자산 및 AV금융자산으로 분류할 수 있다. AV금융자산은 유효이자율법에 의해 상각한 취득원가, 즉 상각후원가가 평가기준이 되며, 기업의 사업모형이 채무증권의 만기까지 약정에 의한 원금과 이자를 회수하는 것이라면 채무증권을 AV금융자산으로 분류할 수 있다. 투자자가 채무증권을 적극적인 거래를 통해 시세차익을 얻을 목적으로 보유한다면 FVPL금융자산으로 분류한다. AV금융자산이나 FVPL금융자산으로 분류되지 않는 채무증권은 FVOCI금융자산으로 분류한다.

【4】 지분증권은 증권발행주식회사의 순자산에 대한 소유지분을 나타내는 유가증권으로 대표적으로 주식 등이 있다. 채무증권은 보유자가 발행자에게 약정에 의해 금전을 청구할 수 있는 권리를 표시하는 증권으로 국채, 공채, 사채 등이 있다.

【5】 관계회사투자주식은 투자회사가 다른 회사 발행주식의 20% 이상을 취득할 때 분류되는 항목이다. 투자회사가 피투자회사 발행주식의 20% 이상을 취득하면 다른 반증이 없는 한 유의한 영향력을 행사하는 것으로 간주한다. 공정가치측정금융자산으로 분류되는 지분증권에 대해서는 피투자회사가 배당금을 지급하면 투자수익이 인식된다. 만일 같은 방법으로 관계회사투자주식의 투자수익을 인식한다면, 투자회사가 피투자회사의 배당정책에 영향력을 행사하여 자신의 순이익을 조정하려는 유인이 생긴다. 따라서 관계회사투자주식에 대해서는 지분법을 적용하여 피투자회사가 이익을 보고할 때 투자회사의 지분율만큼 투자수익을 인식하고 관계회사투자주식을 증가시키는 회계처리를 한다. 지분법에서는 피투자회사가 손실을 보고하면 지분법손실을 인식하고 관계회사투자주식을 감소시키는 회계처리를 한다. 지분법에서는 피투자회사가 배당금을 지급하면, 현금을 증가시키고 관계회사투자주식을 감소시키는 회계처리를 한다.

【6】 한 회사(투자회사)가 다른 회사(피투자회사) 발행주식의 과반수를 취득하면 그 회사는 다른 회사에 대해 지배권(controling interest)을 획득하였다고 한다. 이 경우 투자회사는 피투자회사에 대한 실질적인 통제권(지배력)이 있으므로 투자회사는 자신의 재무제표와 피투자회사의 재무제표를 연결하여 연결재무제표를 작성해야 한다.

【7】 연결재무상태표의 자본은 연결실체 주주들이 소유하고 있는 지분을 보여주어야 한다. 종속회사의 자본을 지배회사가 이미 소유하고 있기 때문에 연결재무상태표상의 자본은 연결실체의 주주가 소유하고 있는 지배회사에 대한 지분만을 표시하게 된다. 결국 지배회사의 재무상태표에 순액으로 요약되어 나타나 있는 '투자주식'과 종속회사의 자본계정이 제거되고 종속회사의 개별자산과 개별부채로 대체된 후 지배회사의 개별자산과 개별부채와 합산되어 연결재무상태표에 나타난 것이다.

연습문제 해답

【1】 (1) 11월 18일 (차) FVPL금융자산 6,750* (대) 현 금 6,750
　　　　　　　　 (J회사)
　　　　　　　 * ₩27 × 250주

　　 (2) 2월 13일 (차) FVPL금융자산 800* (대) 현 금 800
　　　　　　　　 (S회사)
　　　　　　　 * ₩16 × 50주

　　 (3) 3월 1일 (차) 현 금 125* (대) 배당금수익 125
　　　　　　　 * ₩0.50 × 250주

　　 (4) 6월 25일 (차) FVPL금융자산 2,400* (대) 현 금 2,400
　　　　　　　　 (S회사)
　　　　　　　 * ₩16 × 150주

　　 (5) 8월 9일 (차) 현 금 5,000* (대) FVPL금융자산 5,400**
　　　　　　　 FVPL금융자산처분손실 400 (J회사)
　　　　　　　 * ₩25 × 200주
　　　　　　 ** ₩6,750 × $\frac{200주}{250주}$ = 5,400(200 × 27)

　　 (6) 10월 22일 (차) 현 금 200* (대) 배당금수익 200
　　　　　　　 * ₩1 × (50주 + 150주)

　　 (7) 11월 27일 (차) 현 금 1,100* (대) FVPL금융자산 800
　　　　　　　　 (S회사)
　　　　　　　　 FVPL금융자산처분이익 300
　　　　　　　 * ₩22 × 50주

【2】 1)

회 사	원 가	시 가
A	₩6,500	₩7,000
B	10,500	9,600
C	6,800	6,500
D	4,800	4,600
E	8,600	8,800
계	₩37,200	₩36,500

(차) FVPL금융자산평가손실 700* (대) FVPL금융자산 700
* ₩37,200 − 36,500

2) ① (차) 현　　　　　　금　6,950　　(대) F V P L 금 융 자 산　7,000
　　　FVPL금융자산평가손실　50
② (차) 현　　　　　　금　6,700　　(대) F V P L 금 융 자 산　6,500
　　　　　　　　　　　　　　　　　　　FVPL금융자산처분이익　200

【3】 ①
종　류	원　가	20×6. 12. 31 시가
가	₩6,500	₩7,000
나	10,500	9,600
다	6,800	6,500
	₩23,800	₩23,100

(차) FVPL금융자산평가손실　700　　(대) F V P L 금 융 자 산　700

② (차) 현　　　　　　금　7,500　　(대) F V P L 금 융 자 산　6,500
　　　　　　　　　　　　　　　　　　　FVPL금융자산처분이익　1,000

③
종　류	20×6. 12. 31	20×7. 12. 31
가	₩7,000	₩6,000
나	9,600	10,000
	₩16,600	₩16,000

(차) FVPL금융자산평가손실　600　　(대) F V P L 금 융 자 산　600

④
부 분 재 무 상 태 표

석영회사　　　　　　　　　　　　　　　　　　　　　　　　　20×7년 12월 31일

　Ⅰ. 유동자산
　　…………
　　당 기 손 익 인 식 금 융 자 산　　　₩16,000

【4】 1) (차) FVPL금융자산　26,000*　　(대) 현가증권처분이금　26,000
　　　* ₩8,000＋6,000＋12,000

2)
	원　가	시　가
동서회사	₩8,000	₩8,000(₩40×200주)
남북회사	6,000	5,000(₩25×200주)
동남회사	12,000	12,200(₩61×200주)
	₩26,000	₩25,200

(차) FVPL금융자산평가손실　800*　　(대) F V P L 금 융 자 산　800
　　　* ₩26,000－25,200

3) (차) 현　　　　　　금　25,000　　(대) F V P L 금 융 자 산　25,200
　　　FVPL금융자산처분손실　200

【5】 1) ₩198,000　　(20×8년 12월 31일)
　　　₩205,000　　(20×9년 12월 31일)

2) 20×8년 12월 31일
　(차) FVPL금융자산평가손실　42,000　　(대) F V P L 금 융 자 산　42,000

20×9년 12월 31일

(차) FVPL금융자산	7,000	(대) FVPL금융자산평가이익	7,000

【6】 1) ₩198,000　　(20×8년 12월 31일)
　　　₩205,000　　(20×9년 12월 31일)

2) 20×8년 12월 31일

(차) FVOCI금융자산평가손실	42,000	(대) FVOCI금융자산	42,000
(기타포괄손익)			

〈참고〉 다음과 같은 마감분개를 통해 포괄손익계산서상의 기타포괄손익이 재무상태표의 자본항목인 기타포괄
　　　손익누계액으로 대체된다.

(차) FVOCI금융자산평가손실	42,000	(대) FVOCI금융자산평가손실	42,000
(기타포괄손익누계액)		(기타포괄손익)	

20×9년 12월 31일

(차) FVOCI금융자산	7,000	(대) FVOCI금융자산평가이익	7,000
		(기타포괄손익)	

〈참고〉 다음과 같은 마감분개가 필요하다.

(차) FVOCI금융자산평가이익	7,000	(대) FVOCI금융자산평가이익	7,000
(기타포괄손익)		(기타포괄손익누계액)	

【7】 (1) 투자주식 취득시점:

(차) 관계회사투자주식	300,000	(대) 현　　　　금	300,000

(2) (주)서울이 당기순이익을 보고하는 시점

(차) 관계회사투자주식	60,000*	(대) 지 분 법 이 익	60,000
* ₩200,000×0.3			

(3) (주)서울이 배당금을 지급한 시점

(차) 현　　　　금	15,000*	(대) 관계회사투자주식	15,000
* ₩50,000×0.3			

(4) 20×1년 12월 31일:
　　분개 필요 없음

【8】 (1)

(차) 자본금(S)	300,000	(대) 투자주식(P)	500,000
이익잉여금	200,000		

(2) 연결재무상태표 자산합계 = 지배회사자산 + 종속회사자산 - 투자주식
　　　　　　　　　　　　= ₩1,200,000 + 600,000 - 500,000 = ₩1,300,000

(3) 연결재무상태표 자본합계 = 지배회사 자본합계 = ₩1,000,000

(4)
연 결 재 무 상 태 표

P사와 종속회사　　　　　　　　　　　　　　　　　　　　　　　　　　　20×1년 1월 1일

현　　　　금	₩350,000	차 입 금	₩200,000
재 고 자 산	550,000	사　　　채	100,000
유 형 자 산	400,000	자 본 금	500,000
		이익잉여금	500,000
	₩1,300,000		₩1,300,000

익힘문제 답안

【 1 】 재고자산은 기업이 정상적인 영업활동에서 판매 또는 제품생산을 위해 소유하고 있는 재화를 말한다. 그러므로 재고자산에는 상품이나 제품뿐만 아니라 제품생산을 위하여 소비할 목적으로 소유하고 있는 원재료, 저장품, 재고품, 반제품 등이 모두 포함된다. 재고자산은 기업경영상으로나 회계상 중요하게 다루어지는데 그 이유는 첫째, 재고자산은 기업의 이익창출을 위한 기본적 자원으로서 거액일 뿐만 아니라 기업의 총자산에서 차지하는 비중이 크다. 둘째, 재고자산의 평가에 따라 자산평가와 기간손익이 달라질 수 있고 셋째, 적정재고규모의 결정에 따라 생산계획 및 자금계획이 수립되기 때문이다. 재고자산의 측정목적은 첫째, 적정한 자산평가에 있으며 둘째, 적정한 자산평가와 관련하여 적정한 기간손익을 결정하는 것이다. 재고자산은 판매분이 매출원가가 되고, 미판매분이 기말재고자산이 되므로 자산의 적정한 평가가 곧 적정한 기간손익평가와 직결된다.

【 2 】 ⑴ 기말재고자산이 과대평가되었으므로 20×6년 말 재무상태표의 재고자산가액은 과대평가되고, 기말 재고자산의 과대평가는 매출원가의 과소평가로 연결되어 그 결과 손익계산서의 당기순이익은 과대 평가된다(기말재고↑, 매출원가↓, 당기순이익↑).

　　　 ⑵ 과대평가된 전기말 재고자산으로 인하여 20×7년 기초재고자산은 과대평가되어 있다. 선입선출법 에 따라서 기초재고자산이 20×7년 중에 판매된다면 20×7년말 재무상태표의 기말재고자산가액에 는 영향이 없다. 다만, 기초재고자산 과대평가로 인하여 매출원가가 과대평가되어 손익계산서의 당 기순이익은 과소평가될 것이다(기초재고↑, 매출원가↑, 당기순이익↓).

【 3 】 기말재고자산이 ₩200 과대평가되었으므로, 재무상태표에는 자산이 ₩200 과대평가되고, 손익계산서 에는 매출총이익이 ₩200 과대평가된다.

【 4 】 같은 종류의 상품일지라도 화폐가치의 변동 등으로 인해 구입시기에 따라 구입단가가 다양하다. 따라 서 어떤 단가를 기말재고와 매출원가에 적용하느냐에 따라 재무상태표상의 재고자산가액과 손익계산 서상의 매출원가 금액이 달라진다. 그러므로 원가흐름의 가정을 적용하여 검증가능한 방법으로 재고자 산가액과 매출원가를 결정하는 것이 필요하다.

【 5 】 재고자산은 역사적 원가주의에 따라서 취득원가로 평가하는 것이 원칙이다. 그러나 기말재고로 남아 있는 재고자산이 진부화 등으로 인해 그 순실현가능가액이 원가보다 하락할 경우에는 재고자산을 순실 현가능가액으로 평가하는데 이를 저가법이라고 한다. 여기서 순실현가능가액이란 예상판매가액에서 예상판매비용 등을 차감한 것으로 정상적인 처분시 유입될 순현금액을 의미한다. 결론적으로 저가법은 보수주의에 의해서 재고자산 평가손실은 인식하고, 재고자산 평가이익은 인식하지 않는 방법이다.

【 6 】 개별법은 재고자산에 가격표(꼬리표) 등을 붙여 매입상품별로 매입가격을 알 수 있도록 함으로써 매입 가격별로 판매된 것과 재고로 남은 것을 구별하여 매출원가와 기말재고로 구분하는 방법이다. 개별법 은 원가흐름과 실제물량흐름이 완전히 일치하기 때문에 이론적으로 가장 우수하다. 그러나 재고자산의 종류와 수량이 많고, 거래가 빈번한 경우에는 그 적용이 비효율적이며, 경영자가 임의로 특정재고가 판 매된 것이라고 간주함으로써 이익을 조작할 가능성이 있다는 단점이 있다.

【7】 가중평균법이란 일정기간 동안의 재고자산원가를 평균한 평균원가로 매출원가와 기말재고액을 평가하는 방법이다. 가중평균법에 실사법을 적용하는 경우에는 총평균법이라고 불리운다. 총평균법은 먼저 판매가능상품의 총평균단가를 계산한 후에 매출수량과 기말재고수량에 일률적으로 단가를 곱하여 매출원가와 기말재고액을 산정하는 방법이다. 그리고 가중평균법에 계속기록법을 적용하는 경우에는 이동평균법이라고 불리운다. 이는 매입이 이루어질 때마다 새로운 이동평균단가를 계산하여 매출원가와 재고액에 적용하는 방법이다. 통상적으로 상호교환 가능한 대량의 재고자산 항목에 개별법을 적용하는 경우 손익을 자의적으로 조정할 수 있기 때문에 가중평균법이나 선입선출법을 이용한다.

【8】 물가가 지속적으로 상승하는 경우 (1) 기말재고원가는 선입선출법에서 높고, 가중평균법에서 낮다. 그리고 (2) 순이익도 선입선출법에서 높고, 가중평균법에서 낮다. 선입선출법에서는 먼저 매입된 것이 먼저 판매된다고 가정하므로 기말재고는 가장 최근에 매입한, 단가가 높은 것이 남게 된다. 따라서 다른 방법에 비하여 기말재고원가는 높고 매출원가는 낮고, 순이익은 높게 된다.

【9】 회계정보가 유용하기 위한 요소 중의 하나는 비교가능성이다. 그런데 특별한 경제적인 상황의 변화가 없는데도 불구하고 재고자산평가방법을 계속 변경한다면 비교가능성을 상실하게 될 것이다. 그러므로 재고자산평가방법을 매년 변경하는 것은 불가능하다. 또한 재고자산평가방법을 임의로 변경하는 것을 인정하면 이익조작의 가능성이 증가하게 되므로 기업회계기준에서는 정당한 사유가 있는 경우에만 재고자산평가방법의 변경을 인정해 주고 있다.

【10】 기말재고자산은 실사를 거쳐야만 실물을 정확하게 파악할 수 있다. 그러나 실사에는 많은 시간과 비용이 소요되므로 재고실사는 1년에 한 번 실시하는 것이 보통이다. 그러므로 월별, 분기별 재무제표를 작성하는 경우나, 내부통제와 재고자산의 타당성을 검증할 때, 그리고 화재나 도난으로 인하여 정상적인 정보의 이용이 불가능한 경우에는 실사를 하는 대신에 매출총이익법 등을 이용하여 추정에 의하여 기말재고액과 매출원가를 산정할 수 있다.

【11】 실사법에서의 기말재고액은 기말에 판매되지 않고 남아 있는 기말재고 상품을 실제로 조사하여 결정하게 된다.

【12】 실사법은 매출원가를 기록할 때 상품매입시에는 매입계정에 기록하고 상품판매시에는 매출수익만 기록하며 매출원가에 대해서는 아무 기록도 하지 않고 있다가 기말에 판매되지 않고 남아있는 기말 재고 상품을 실제로 조사하여 매출원가를 산정하는 방법이다. 이에 반하여 계속기록법은 상품의 매매거래가 발생할 때마다 순서대로 상품의 증감과 매출원가를 산정하여 기록하는 방법이다.

【13】 실사법은 회계기간 중에 파악하기 힘든 재고자산을 대상으로 한다. 실사법을 사용할 때의 장점은 판매거래가 발생할 때마다 판매된 상품의 원가를 파악하여 기록할 필요가 없으므로 가장 업무가 간소화된다는 것이다. 이에 반해 실사법은 두 가지 단점이 있다. 첫째, 재무제표를 작성하기 위해서는 매 회계기간말에 모든 재고자산의 수량 및 원가를 모두 파악해야 한다. 둘째, 기중에는 재고자산의 정확한 통제가 불가능하다.

【14】 계속기록법은 회계기간 중에도 정확하게 파악되어야 하는 재고자산을 대상으로 한다. 계속기록법의 장점은 재고자산에 대한 상세한 기록을 유지할 수 있기 때문에 어느 시기에도 장부상에서 보유하고 있는 재고자산을 파악할 수 있다는 것이다. 이에 반해 계속기록법하에서는 기장업무가 많아지기 때문에 비용과 시간이 많이 소요된다는 단점이 있다.

【1】 각 경우의 손익계산서를 작성해 보면 다음과 같다.

	1		2		3	
매　　출		(1) 600		200		100
매출원가:						
기 초 재 고	100		(4) 140		20	
매　　입	(2) 240		220		70	
매출가능총재고액	340		(5) 360		(7) 90	
기 말 재 고 액	(3) 60	280	180	(6) 180	(8) 25	65
매출총이익		320		20		(9) 35

	4		5	
매　　출		400		(13) 300
매출원가:				
기 초 재 고	120		(14) 40	
매　　입	(10) 400		260	
매출가능총재고액	(11) 520		300	
기 말 재 고 액	80	440	80	(15) 220
매출총이익		(12) (40)		80

【2】

	1년도		2년도		3년도	
매　　출	₩600		₩720		(g. ₩815)	
－매출환입:	(a. 25)		30		20	
순 매 출		(b. 575)		(d. 690)		795
매출원가:						
기초재고	(c. 30)		20		(h. 55)	
＋총매입	265		(e. 395)		430	
－매입에누리와 환출	5		10		15	
－기말재고	20	270	55	350	70	(i. 400)
매출총이익		₩305		(f.₩340)		₩395

【3】

기초재고액		₩15,000
총매입액	?	
매입환출 및 에누리	(4,000)	
매입할인	(2,500)	
매입운임	11,000	
순매입액		170,000
기말재고액		(10,000)
매출원가		₩175,000
∴ 총매입액		₩165,500

【 4 】

	차변		대변	
7/ 1 (차) 매 입	1,500,000	(대) 매입채무		1,500,000
7/ 1 (차) 매입운임	75,000	(대) 현 금		75,000
7/ 3 (차) 매출채권	1,000,000	(대) 매 출		1,000,000
7/ 7 (차) 매 입	2,000,000	(대) 매입채무		2,000,000
7/ 7 (차) 매입운임	85,000	(대) 현 금		85,000
7/ 8 (차) 소 모 품	800,000	(대) 미지급금		800,000
7/10 (차) 매출채권	800,000	(대) 매 출		800,000
7/10 (차) 매입채무	1,500,000	(대) 현 금		1,470,000
		매입할인		30,000
7/11 (차) 매입채무	200,000	(대) 매입에누리와환출		200,000
7/12 (차) 현 금	980,000	(대) 매출채권		1,000,000
매출할인	20,000			
7/16 (차) 매입채무	1,800,000	(대) 현 금		1,782,000
		매입할인		18,000
7/19 (차) 현 금	784,000	(대) 매출채권		800,000
매출할인	16,000			
7/23 (차) 미지급금	800,000	(대) 현 금		800,000
7/31 (차) 현 금	500,000	(대) 매 출		500,000

【 5 】

	차변		대변	
(1) (차) 상 품	13,000,000	(대) 매입채무		13,000,000
(2) (차) 상 품	175,000	(대) 현 금		175,000
(3) (차) 매입채무	1,500,000	(대) 상 품		1,500,000
(4) (차) 매출채권	3,850,000	(대) 매 출		3,850,000
(차) 매출원가	2,500,000	(대) 상 품		2,500,000
(5) (차) 매입채무	11,500,000	(대) 현 금		11,270,000
		상 품		230,000
(6) (차) 매출채권	21,560,000	(대) 매 출		21,560,000
(차) 매출원가	14,000,000	(대) 상 품		14,000,000
(7) (차) 매 출	1,155,000	(대) 매출채권		1,155,000
(차) 상 품	750,000	(대) 매출원가		750,000
(8) (차) 현 금	20,000,000	(대) 매출채권		20,000,000

【 6 】 1)

매 입 채 무

매입에누리와 환출	2,000	기 초 잔 액	30,000
매 입 할 인	3,000	당기총매입액	50,000 *
현 금 지 급 액	50,000		
기 말 잔 액	25,000		325,000

∴ 모든 매입은 외상으로 이루어지고 있으므로 매입채무계정에서 당기총매입액을 구할 수 있다.

2) 기초재고액　　　　　　　　　　　　　₩16,000
　당기매입액
　　당기총매입액　　　　₩50,000
　　매입할인　　　　　　 (3,000)
　　매입에누리와 환출　　(2,000)　　45,000
　판매가능상품　　　　　　　　　　　　₩61,000

기 말 재 고 액			(25,000)
매 출 원 가			₩36,000

3) 매 출 채 권

기 초 잔 액	40,000	현 금 회 수 액	56,500*
당 기 매 출 액	100,000	매 출 할 인	2,000
		매출에누리와 환입	5,000
		대 손 확 정 액	1,500
	✔75,000	기 말 잔 액	75,000

* 모든 매출이 외상으로 이루어지고 있으므로 매출채권계정에서 현금회수액을 구할 수 있다.

4) 목표 대손충당금: ₩75,000 − ₩67,500 = ₩7,500

수정전대손충당금잔액			(2,500)
대 손 상 각 비			₩5,000
(차) 대 손 상 각 비	5,000	(대) 대 손 충 당 금	5,000

【7】 1) 실 사 법

8/ 5	(차) 매 입	4,750,000
	(대) 매입채무	4,750,000
	(차) 매입운임	45,000
	(대) 현 금	45,000
8/ 6	(차) 매입채무	600,000
	(대) 매입환출	600,000
8/ 9	(차) 매 입	1,200,000
	(대) 매입채무	1,200,000
8/14	(차) 매입채무	4,150,000*
	(대) 현 금	4,067,000
	매입할인	83,000**

* ₩4,750,000(매입) − 600,000(매입환출)

** ₩4,150,000 × 0.02

8/15	(차) 매출채권	8,000,000
	(대) 매 출	8,000,000

* 이윤이 판매가의 20%이므로 원가는 판매가의 80%

8/31	(차) 매입채무	1,200,000
	(대) 현 금	1,200,000

〈기말 수정분개 및 마감분개〉

(차) 매 입	45,000
(대) 매입운임	45,000
(차) 매입환출	600,000
(대) 매 입	600,000
(차) 매입할인	83,000
(대) 매 입	83,000

2) 계 속 기 록 법

(차) 상 품	4,750,000
(대) 매입채무	4,750,000
(차) 상 품	45,000
(대) 현 금	45,000
(차) 매입채무	600,000
(대) 상 품	600,000
(차) 상 품	1,200,000
(대) 매입채무	1,200,000
(차) 매입채무	4,150,000*
(대) 현 금	4,067,000
상 품	83,000**

(차) 매출채권	8,000,000
(대) 매 출	8,000,000
(차) 매출원가	6,400,000*
(대) 상 품	6,400,000

(차) 매입채무	1,200,000
(대) 현 금	1,200,000

분개 없음

(차) 매출원가	6,400,000*		
상품(기말)	4,312,000		
(대) 매　입	5,312,000**	분개 없음	
상품(기초)	5,400,000		

* ₩5,400,000 + 5,312,000 − 4,312,000

** ₩4,750,000 + 1,200,000 + 45,000 − 600,000 − 83,000

(차) 매　출	8,000,000	(차) 매　출	8,000,000
(대) 집합손익	8,000,000	(대) 집합손익	8,000,000
(차) 집합손익	6,400,000	(차) 집합손익	6,400,000
(대) 매출원가	6,400,000	(대) 매출원가	6,400,000
(차) 집합손익	1,600,000	(차) 집합손익	1,600,000
(대) 이익잉여금	1,600,000	(대) 이익잉여금	1,600,000

【8】 (1) 개별법

① 기말재고자산

2월 25일 매입분	100개 × ₩13	₩1,300
8월 15일 매입분	100 × 13	1,300
10월 15일 매입분	100 × 14	1,400
	300개	₩4,000

② 매 출 원 가

판매가능상품	₩17,800
기 말 재 고	(4,000)
	₩13,800

(2) 가중평균법

① 총평균단위원가 $= \dfrac{₩17,800}{1,300개} = ₩13.7/$단위

② 기말재고자산　　　300 × ₩13.7 = ₩4,110

③ 매 출 원 가

판매가능상품	₩17,800
기 말 재 고	(4,110)
	₩13,690*

* 총평균단위원가를 구할 때 반올림으로 인하여(1,000개 × ₩13.7), 즉 ₩13,700과 일치하지 않는다.

(3) 선입선출법

① 기말재고자산

12월 15일 매입분	200개 × ₩15	₩3,000
10월 15일 매입분	100 × 14	1,400
	300개	₩4,400

② 매출원가

판매가능상품	₩17,800
기 말 재 고	(4,400)
	₩13,400

【9】 〈선입선출법〉

① 기말재고자산

1월 25일 매입분	80개 × ₩1,400 = ₩112,000

② 매출원가

판매가능상품 $40 \times ₩800 + 60 \times ₩1,200$

                 $+ 120 \times ₩1,300 + 100\_₩1,400$ ₩400,000

기말재고   (112,000)

                                              ₩288,000

〈가중평균법〉

① 총평균단위 원가 $\dfrac{₩400,000}{320} = ₩1,250$

② 기말재고자산 $80 \times ₩1,250 = ₩100,000$

③ 매출원가

판매가능상품   ₩400,000

기말재고   (100,000)

                                            ₩300,000

【10】 (1) $₩211,000 - (2,500 \times ₩16 + 1,000 \times ₩13 + 500 \times ₩10) = ₩153,000$

(2) $\dfrac{₩211,000}{18,000} = ₩11.72$

     $₩211,000 - 4,000 \times ₩11.72 = ₩164,120$

【11】 1)

	20×5	20×6
수정전 순이익*	₩18,000	₩18,000
재고자산 오류수정*	8,000	(8,000)
수정후 순이익	₩26,000	₩10,000

* 재고자산의 평가가 순이익에 영향을 주는 이유는 재고자산의 평가가 매출원가의 산정에 영향을 주기 때문이다.

2) 재고자산의 과소평가로 인하여 20×5년의 순이익은 ₩8,000만큼 과소계상되었고, 20×6년의 순이익은 ₩8,000만큼 과대계상되었으므로 이러한 오류의 영향은 20×7년에 자동적으로 없어지게 된다. 따라서 20×7년의 자본과 순이익에는 영향을 주지 않는다.

【12】

	20×7년	20×8년
수정전 순이익	₩25,000,000	₩47,000,000
재고자산오류수정		
20×7년 기말재고자산		
과대평가수정	(6,000,000)	
20×8년 기초재고자산		
과소평가수정		6,000,000
수정후 순이익	₩19,000,000	₩53,000,000
오류의 영향:	매출원가 과소계상	매출원가 과대계상
	당기순이익 과대계상	당기순이익 과소계상

【13】 (1) ₩11,000

(2) ₩10,000

(3) ₩14,000

(4) ₩12,000

【14】 (1) 선입선출법

	1차년도	2차년도	3차년도
기초재고	–	₩10,000	₩12,000
		(₩10×1,000)	(₩12×1,000)
매　입	₩55,000	72,000	75,000
	(₩10×5,500)	(12×6,000)	(15×5,000)
기말재고	(10,000)	(12,000)	(15,000)
	(10×1,000)	(12×1,000)	(15×1,000)
매출원가	₩45,000	₩70,000	₩72,000

(2) 가중평균법

	1차년도	2차년도	3차년도
기초재고	–	₩10,000	₩11,710
매　입	₩55,000	72,000	75,000
기말재고	(10,000)	(11,710)*	(14,450)**
매출원가	₩45,000	₩70,290	₩72,260

$$* \quad \frac{₩10,000+₩72,000}{7,000단위}=₩11.71/단위$$

기말재고 = ₩11.71×1,000단위 = ₩11,710

$$** \quad \frac{₩11,710+₩75,000}{6,000단위}=₩14.45/단위$$

기말재고 = ₩14.45×1,000단위 = ₩14,450

【15】 1)

일　자	입　고			출　고			잔　액		
	수량	단가	금액	수량	단가	금액	수량	단가	금액
9월 1일							300개	₩5	₩1,500
6일				100개	₩5	₩500	200	5	1,000
10일	500개	₩6	₩3,000				700	5.7*	4,000
11일				300	5.7	1,710	400	5.7	2,290
15일	200	7	1,400				600	6.15**	3,690
17일				200	6.15	1,230	400	6.15	2,460
23일				300	6.15	1,845	100	6.15	615
26일	400	8	3,200				500	7.63***	3,815
28일				200	7.63	1,526	300	7.63	2,289
30일	100	9	900				400	7.97****	3,189
매출원가				1,100개		₩6,811			
기말재고							400개		₩3,189

$$* \quad \frac{₩1,000+₩3,000}{200개+500개}=₩5.7/개$$

$$** \quad \frac{₩2,290+₩1,400}{400개+200개}=₩6.15/개$$

$$*** \quad \frac{₩615+₩3,200}{100개+400개}=₩7.63/개$$

$$**** \quad \frac{₩2,289+₩900}{300개+100개}=₩7.97/개$$

제 8 장　재고자산

2) 선입선출법과 실사법

기말재고자산(1,500개 – 1,100개 = 400개)

9월 30일 매입분	100개 × ₩9	₩900
9월 26일 매입분	300 × 8	2,400
	400개	₩3,300

매출원가

판매가능상품	₩10,000
기말재고자산	(3,300)
	₩6,700

3) 선입선출법과 계속기록법

일 자	입 고			출 고			잔 액		
	수량	단가	금액	수량	단가	금액	수량	단가	금액
9월 1일							300개	₩5	₩1,500
6일				100개	₩5	₩500	200	5	1,000
10일	500개	₩6	₩3,000				200	5	1,000
							500	6	3,000
11일				200	5	1,000	400	6	2,400
				100	6	600			
15일	200	7	1,400				400	6	2,400
							200	7	1,400
17일				200	6	1,200	200	6	1,200
							200	7	1,400
23일				200	6	1,200	100	7	700
				100	7	700			
26일	400	8	3,200				100	7	700
							400	8	3,200
28일				100	7	700	300	8	2,400
				100	8	800			
30일	100	9	900				300	8	2,400
							100	9	900
매출원가				1,100개		₩6,700			
기말재고							400개		₩3,300

【16】

기초재고액	₩100,000,000	
매입액(순액)	450,000,000	
판매가능상품	₩550,000,000	
추정매출원가	(390,000,000)	(600,000,000 × 65%)
추정기말재고액	₩160,000,000	

따라서 태풍으로 인해 상실된 재고자산액은 ₩160,000,000

【17】

기초재고액	₩24,000
순매입액	129,000
당기판매가능상품원가	₩153,000

소실되지 않은 재고원가   (3,000)

소실된 재고원가   (22,000)

당기 판매액원가(매출원가)   ₩128,000

$$\therefore \text{매출총이익률} = \frac{₩200,000 - 128,000}{200,000} = 0.36$$

【18】 1), 2)

		20×5년	20×6년
손익계산서상의 당기순이익		₩100,000	₩100,000
20×5년 순매입액 과대계상	이익↓	60,000	
기말재고액 과대계상	이익↑	(12,000)	이익↓ 12,000
20×6년 순매출액 과소계상	이익↓		50,000
정확한 순이익		₩148,000	₩162,000

【19】 (1) ₩9,000 + 2,000 + 4,000 = ₩15,000

(2) ₩24,000 + 3,000 − 6,000 = ₩21,000

(3) ₩30,000 − 4,000 + 3,000 = ₩29,000

(4) ₩18,000 − 2,000 − 1,000 = ₩15,000

【20】

선입선출법하의 순이익	20×4년	20×5년	20×6년
재고자산평가방법 변경의	₩78,000	₩136,500	₩175,500
순이익에 대한 영향 :			
20×4년 재고			
20×5	(58,500)*	58,500	
20×6		(66,500)**	66,500
가중평균법하의 순이익			(101,400)***
	₩19,500	₩128,500	₩140,600

* ₩234,000 − 175,500

** ₩359,000 − 292,500

*** ₩351,000 − 249,600

【21】 1) 기말매출채권:

₩300,000 + 1,500,000 = 950,000 + 5,000 + 10,000 + 20,000 + X

$$\therefore X = ₩815,000$$

당기매입액:

₩500,000 + Y = 200,000 + 1,200,000 + 40,000 + 15,000

$$\therefore Y = ₩955,000$$

매출원가:

₩100,000 + (955,000 − 40,000 − 15,000) − 250,000 = ₩750,000

2) ₩5,000(대손확정액 중 일부) + (₩815,000 − ₩798,700) = ₩21,300

3) ① 매출원가:

(차) 매 입 할 인	15,000	(대) 매 입	15,000
매입에누리와 환출	40,000	매 입	40,000

| (차) 매 출 원 가 | 750,000 | (대) 기초재고 | 100,000 |
| 기 말 재 고 | 250,000 | 매   입 | 900,000 |

② 대손상각:

기중대손확정시:

| (차) 대손충당금 | 20,000 | (대) 매 출 채 권 | 20,000 |

기말수정분개:

| (차) 대손상각비 | 21,300* | (대) 대손충당금 | 21,300 |

〈대손확정시 대손충당금 잔액이 부족할 때 대체적인 방법〉

기중대손확정시:

| (차) 대손충당금 | 15,000 | (대) 매출채권 | 20,000 |
| 대손상각비 | 5,000* | | |

기말수정분개:

| (차) 대손상각비 | 16,300* | (대) 대손충당금 | 16,300 |

* 대손확정시 대손충당금 잔액이 부족한 경우, 어느 방법으로 분개를 하든 대손상각비는 ₩21,300이고 대손 충당금 기말 잔액은 ₩16,300으로 동일하다.

【1】 유형자산이란 판매 또는 처분을 목적으로 하지 않고, 기업의 정상적인 영업활동과정에서 재화의 생산, 판매 및 용역제공을 위한 수단으로 비교적 장기간 보유하고 있는 자산을 말한다. 이 정의에 비추어 보면 유형자산은 다음과 같은 특징을 지니고 있다.

첫째, 유형자산은 정상적인 영업활동에 사용할 목적으로 취득한 자산이다.

둘째, 유형자산은 장기간에 걸쳐 기업의 수익창출에 기여하는 자산이다.

셋째, 유형자산은 물리적 실체가 있는 유형의 자산이다.

넷째, 토지를 제외한 모든 유형자산은 사용이나 시간경과에 따라서 가치가 감소하므로 이에 대한 회계처리가 필요하다.

【2】 유형자산의 취득원가에는 그 자산을 취득하여 자산이 목적하는 활동에 사용되기까지 소요된 모든 지출액이 포함된다. 그러므로 취득원가에는 취득시점에서 발생하는 구입가격, 운반비, 설치비, 관세, 시운전비, 취득 관련 부담금, 각종 수수료, 법률비용 등이 포함된다.

【3】 일괄구입이란 하나의 거래를 통하여 두 종류 이상의 유형자산을 단일가격에 구입한 것을 말한다. 이때 취득한 각 종류의 자산에 대하여 일괄구입가격을 상대적 시장가치에 의하여 배분하는 것이 합리적이다. 그러나 이를 알 수 없는 경우에는 감정가액이나 과세표준액 등 시장가치의 지표가 될 수 있는 것을 사용할 수 있다.

【4】 감가상각이 재평가과정이라면 기말의 재무상태표가격은 재평가액, 즉 시가가 될 것이다. 그러나 이와 같은 논리는 취득원가주의에 위배된다. 취득원가주의하에서 유형자산의 원가는 취득일에는 취득일 현재의 시장가치로 측정 보고되지만, 취득후 재무상태표일에는 시장가격을 기준으로 재측정되는 것이 아니라 취득원가에서 감가상각누계액을 차감한 금액이 유형자산의 평가액이 된다. 감가상각은 자산을 사용함으로써 수익을 창출하는 기간 동안에 수익비용대응의 원칙에 따라서 비유동자산의 취득원가를 합리적으로 배분하는 원가배분의 과정이지 재평가 과정이 아니다.

【5】 (1) 정액법

정액법은 자산의 가치는 시간의 경과에 따라 감소한다고 가정하고 상각기준액을 추정된 내용연수 동안 매 회계기간에 균등하게 배분하는 방법이다. 정액법은 적용이 간단하기 때문에 실무적으로 널리 사용되고 있는 방법이다.

(2) 생산량비례법

생산량비례법은 각 기간에 발생하는 효익이 유형자산의 기간산출량과 직접적인 관련이 있다는 가정하에 상각기준액을 생산량에 비례하여 각 회계기간에 배분하는 방법이다. 이 방법은 산출량이 현실적으로 추정될 수 있는 산림, 유전, 광산 등 천연자원의 감모상각에 주로 이용된다.

(3) 연수합계법

연수합계법은 상각기준액에 상각률을 곱하여 감가상각비를 계산하는데 상각률의 분모는 내용연수의 합계이고 분자는 당해연도 초의 잔여내용연수이다. 이 방법은 가속상각법(체감법)의 하나로, 초기에는 상각률이 높고 후기에는 상각률이 낮기 때문에 초기에 인식하는 감가상각비가 상대적으로 많다.

(4) 이중체감법

이중체감법은 정률법을 실무에서 적용하기 쉽게 변형한 것으로 자산의 미상각잔액에 상각률을 곱하여 매년의 감가상각비를 계산하는 방법이다. 이때 적용하는 상각률은 정액법에서의 상각률을 두 배 한 것이기 때문에 정률법보다 상각률 계산이 쉽다. 그러나 상각률이 정률법 상각률의 근사치이므로 내용연수 종료시 장부가치가 추정잔존가치와 일치하지 않는 단점이 있다.

(5) 정률법

정률법은 미상각잔액에 일정감가상각률을 곱하여 각 연도의 감가상각비를 계산한다. 이 방법은 가속상각법(체감법)의 하나로, 상각률은 일정하지만 미상각잔액이 매년 감소하므로 초기에는 감가상각비를 많이 인식하고 후기에는 적게 인식한다. 정률법에서는 내용연수 종료시 장부가치가 추정잔존가치와 일치한다.

【6】 체감잔액법은 자산사용의 초기연도에는 감가상각비를 많이 인식하고 후기에 적게 인식하는 방법이다. 이 방법은 감가상각자산의 수익창출능력이 초기에 왕성하고, 수선비는 후기에 많이 소요되기 때문에 내용연수 동안 총비용을 균등하게 배분하자는 입장에서 초기에 감가상각비를 많이 배분한다. 초기에 감가상각비를 많이 배분하기 때문에 법인세 절세효과가 있으므로 실무에서 선호되고 있다. 또한 급속한 경제여건의 변화로 인해 진부화, 부적응 등의 위험이 있으므로 초기에 많은 감가상각비를 인식하는 것이 합리적이다.

【7】 자본적 지출은 지출로 인하여 자산의 용역잠재력이 증가되어 그 효익이 일정기간 동안 계속되는 것이고, 수익적 지출은 지출의 효과가 자산의 본래 용역잠재력을 유지시키는 데 그치는 것이다. 자본적 지출의 경우에는 지출된 비용을 자본화하여 그 효익제공 기간 동안 비용으로 배분하고, 수익적 지출은 발생기간에 비용으로 처리한다. 기업회계기준에서는 유형자산의 내용연수를 연장시키거나 가치를 실질적으로 증가시키는 지출은 자본적 지출로, 당해 유형자산의 원상을 회복시키거나 능률유지를 위한 지출은 수익적 지출로 처리하도록 규정하고 있다.

【8】 유형자산의 장부가치란 취득가액에서 감가상각누계액을 차감한 금액으로서 자산의 미상각원가를 뜻한다. 유형자산은 취득원가주의원칙에 따라서 재무상태표상에는 취득시의 원가를 총액으로 기록하고 감가상각누계액을 차감하는 형식으로 표시한다. 그러므로 장부가치는 취득가액에서 상각하고 남은 금액이며 이는 미상각원가와 일치한다. 이와 같은 논리는 감가상각을 재평가과정이 아니고 원가배분과정으로 보는 데서 연유한다.

【9】 관련 계정인 유형자산의 차변잔액과 감가상각누계액 대변 잔액을 장부에서 제거하고 유형자산의 장부가액과 취득원가와의 차액을 유형자산처분손익으로 계상한다.

【10】 무형자산은 기업이 영업활동에 사용할 목적으로 보유하고 있으며, 물리적 형태가 없지만 식별가능하고, 기업이 통제하고 있으며, 미래의 경제적 효익이 있는 비화폐성자산으로 정의된다. 유형자산은 물리적 형태가 있다는 점에서 무형자산과 구분되며 1년 또는 정상적인 영업주기를 초과하여 사용되는 자산이다.

【11】 무형자산의 회계처리는 내용연수에 따라 다르다. K-IFRS에 따르면 내용연수가 유한한 무형자산은 상각하고, 내용연수가 비한정인 무형자산은 상각하지 않는다.

【1】 (1)

일괄구입가격	₩480,000
설 치 비 용	20,000
총취득원가	₩500,000

감 정 가 치			총취득원가의 배분	
자 산	금 액	비 율	계 산	배분된 원가
기계(갑)	₩200,000	2/10	₩500,000×2/10=	₩100,000
기계(을)	300,000	3/10	500,000×3/10=	150,000
기계(병)	500,000	5/10	500,000×5/10=	250,000
	₩1,000,000	1.0		₩500,000

(2)

연 도	계 산	감가상각비
20×5년	(₩2,500,000−250,000)×5/15*=	₩750,000
20×6년	(₩2,500,000−250,000)×4/15*=	600,000
20×7년	(₩2,500,000−250,000)×3/15*=	450,000
20×8년	(₩2,500,000−250,000)×2/15*=	300,000
20×9년	(₩2,500,000−250,000)×1/15*=	150,000

＊ $(1+2+3+4+5)$

따라서 20×7년 감가상각비는 ₩450,000

(3) 정액법 상각률: 1/5=0.2

정액법 상각률의 배율: 0.2×2=0.4

연 도	계 산	감가상각비	연 말	
			감가상각누계액잔액	장부가액
취득시				₩700,000
20×6	0.4×₩700,000	₩280,000	₩280,000	420,000
20×7	0.4× 420,000	168,000	448,000	252,000

따라서, 20×7년 12월 31일 설비의 장부가액은 ₩252,000

(4) 정액법 사용시 매년 감가상각비는

$$\left(\frac{\text{취득원가}-\text{추정잔존가치}}{\text{추정내용연수}}\right)$$

이므로 기계장치의 추정잔존가치를 R이라 하면

$$\frac{₩2,000,000-R}{6}=₩300,000$$

$$R=₩200,000$$

(5) 이중체감법 사용시 상각률은 (1/10×2=0.2)이므로 취득원가를 C라 할 때 20×4년 감가상각비를 구해보면

20×3년 　　　　C×0.2＝ 0.2C

20×4년 (C−0.2C)×0.2＝320,000

　　　　　　　0.16C＝320,000

　　　　　　　　　C＝₩2,000,000

【2】 1) 정액법

$$\frac{\text{₩}180,000 - 24,000}{3} = \underline{\underline{\text{₩}52,000}}$$

2) 연수합계법

20×3년

$$\text{₩}(180,000 - 24,000) \times \frac{2}{6} = \underline{\underline{\text{₩}52,000}}$$

3) 생산량비례법

$$(\text{₩}180,000 - 24,000) \times \frac{12,000단위}{32,000단위} = \underline{\underline{\text{₩}58,500}}$$

【3】

1)

	건 물	설 비	차량운반구
정액법 상각률	$1/25 = 0.04$	$1/16 = 0.0625$	$1/8 = 0.125$

2)

건 물 ×7년	$(\text{₩}140,000,000 - 15,000,000) \times 0.04 = \text{₩}5,000,000$
×8년	$(\text{₩}140,000,000 - 15,000,000) \times 0.04 = \text{₩}5,000,000$
설 비 ×7년	$(\text{₩}18,500,000 - 2,500,000) \times 0.0625 = \text{₩}1,000,000$
×8년	$(\text{₩}18,500,000 - 2,500,000) \times 0.0625 = \text{₩}1,000,000$
차량운반구 ×7년	$(\text{₩}8,500,000 - 100,000) \times 0.125 = \text{₩}1,050,000$
×8년	$(\text{₩}8,500,000 - 100,000) \times 0.125 = \text{₩}1,050,000$

3)

	건 물	설 비	차량운반구
이중체감법상각률	$0.04 \times 2 = 0.08$	$0.0625 \times 2 = 0.125$	$0.125 \times 2 = 0.25$

4)

건 물 ×7년	$\text{₩}140,000,000 \times 0.08 = \text{₩}11,200,000$
×8년	$(\text{₩}140,000,000 - 11,200,000) \times 0.08 = \text{₩}10,304,000$
설 비 ×7년	$\text{₩}18,500,000 \times 0.125 = \text{₩}2,312,500$
×8년	$(\text{₩}18,500,000 - 2,312,500) \times 0.125 = \text{₩}2,023,438$
차량운반구 ×7년	$\text{₩}8,500,000 \times 0.25 = \text{₩}2,125,000$
×8년	$(\text{₩}8,500,000 - 2,125,000) \times 0.25 = \text{₩}1,593,750$

【4】 1) x를 추정잔존가치라 하면,

$$\frac{\text{₩}3,000,000 - x}{5} = \text{₩}500,000$$

$$x = \text{₩}500,000$$

【5】 1) 20×3년 감가상각비:

기계의 취득원가	₩5,000,000
20×2년 12월 31일의 감가상각누계액잔액	(900,000)*
미상각잔액(장부가치)	₩4,100,000
잔존가치	(500,000)
수정된 감가상각기준액	₩3,600,000
수정된 추정잔존내용연수	÷ 5년**
연간 감가상각비	₩ 720,000

* $(\text{₩}5,000,000 - 500,000) \times 1/10 \times 2$

** 7년 − 2년

2) (차) 현　　　　　금　　　2,000,000　　　(대) 기　　　계　　　5,000,000
　　　감가상각누계액　　　1,620,000*
　　　유형자산처분손실　　　1,380,000**

　　　　* ₩900,000+720,000
　　　　** 20×4년 1월 1일 장부가　　　₩2,460,000(₩5,000,000−1,620,000)
　　　　　처분가　　　　　　　　　　　　(2,000,000)
　　　　　유형자산처분손실　　　　　　　₩1,380,000

【6】　1) ₩120,000×0.2=₩24,000

　　　2) (₩120,000−24,000)×0.2=₩19,200

　　　3) $(₩120,000−10,000)×\frac{10}{55}=₩20,000$

　　　4) $(₩120,000−10,000)×\frac{9}{55}=₩18,000$

【7】　매년 정액법 상각액$=\frac{₩2,500,000}{5}=₩500,000=\frac{₩5,000,000−추정잔존가치}{9}$

　　　추정잔존가치=₩5,000,000−500,000×9=₩500,000
　　　연수합계법에 의한 감가상각비:

　　　1년$(₩5,000,000−500,000)×\frac{9}{45}=$　　₩900,000

　　　2년(　　　〃　　　)$×\frac{8}{45}=$　　800,000

　　　3년(　　　〃　　　)$×\frac{7}{45}=$　　700,000

　　　4년(　　　〃　　　)$×\frac{6}{45}=$　　600,000

　　　5년(　　　〃　　　)$×\frac{5}{45}=$　　500,000
　　　현재의 감가상각누계액잔액　　　₩3,500,000

【8】　① 20×3년의 감가상각비 계산

기 계	계　　　산	감가상각비
1	(₩128,000+12,000)×0.2*	₩28,000
2	(₩162,000+4,000−17,600)×7/28**	37,100
3	$(₩170,000+20,000−10,000)×\frac{24,000}{180,000}$	₩24,000
		₩89,100

　　　　* 1/10×2
　　　　** 1에서 7까지의 합

(차) 감가상각비　　　89,100　　　(대) 감가상각누계액−기계　　　89,100

② 20×4년의 감가상각비 계산

기 계	계　　　산	감가상각비
1	(₩128,000+12,000−28,000)×0.2	₩22,400
2	(₩162,000+4,000−17,600)×6/28	31,800
3	$(₩170,000+20,000−10,000)×\frac{46,500}{180,000}$	₩46,500
		₩100,700

(차) 감가상각비　　　100,700　　　(대) 감가상각누계액−기계　　　100,700

③ 20×5년의 감가상각비 계산

기 계	계 산	감가상각비
1	$(\text{₩}128,000 + 12,000 - 28,000 - 22,400) \times 0.2$	₩17,920
2	$(\text{₩}162,000 + 4,000 - 17,600) \times 5/28$	26,500
3	$(\text{₩}170,000 + 20,000 - 10,000) \times \dfrac{37,800}{180,000}$	₩37,800
		₩82,220

(차) 감가상각비　　　　　　　82,220　　　(대) 감가상각누계액–기계　　　82,220

【9】 (1) $\dfrac{(10,000 - x)}{5} = \text{₩}1,600$　　　$\therefore x = \text{₩}2,000$

(2) $(x - \text{₩}5,000) \times \dfrac{2}{10} = \text{₩}36,000$　　　$\therefore x = \text{₩}185,000$

(3) $(\text{₩}100,000 - 40,000 - 24,000) \times 0.4 = \text{₩}14,400$　　　$\therefore x = \text{₩}14,400$

【10】 1) 20×6년 감가상각비:

건물의 취득원가	₩360,000
20×5년 12월 31일의 감가상각누계액잔액	(252,000)*
미상각잔액	₩108,000
수정된 추정잔존가치	(13,500)
수정된 감가상각기준액	₩94,500
수정된 추정잔존내용연수	÷ 6년**
연간 감가상각비	₩15,750

* $\dfrac{\text{₩}360,000 - 24,000}{8} \times 6$

** 12년 − 6년

(차) 감 가 상 각 비　　　15,750　　　(대) 감가상각누계액　　　15,750
2) (차) 감 가 상 각 비　　　7,875　　　(대) 감 가 상 각 누 계 액　　　7,875
　(차) 현　　　　　금　　　200,000　　　(대) 건　　　　　물　　　360,000
　　　감가상각누계액　　　275,625*　　　유형자산처분이익　　　115,625**

　* 252,000 + 15,750 + 7,875

　** 처분이익 = 처분가 − 장부가 = 200,000 − (360,000 − 275,625)

【11】 1) $(\text{₩}160,000 - 10,000) \times \dfrac{3}{15} = \text{₩}30,000$

2) 20×9년 4월 1일 현재 감가상각누계액

$(\text{₩}160,000 - 10,000) \times \dfrac{5+4+3}{15} + (\text{₩}160,000 - 10,000) \times \dfrac{2}{15} \times \dfrac{3}{12} = \text{₩}125,000$

매각금액	₩50,000
장부가액　₩160,000 − 125,000 =	₩35,000
처분이익	₩15,000

(차) 감 가 상 각 비　　　5,000　　　(대) 감 가 상 각 누 계 액　　　5,000
(차) 감가상각누계액 − 기계　　　125,000　　　(대) 기　　　　　계　　　160,000
　　　현　　　　　　　금　　　50,000　　　유형자산처분이익　　　15,000

3) 20×9년 4월 1일 현재 감가상각누계액

$$(\text{₩}160,000 - 10,000) \times \frac{3}{5} + (\text{₩}160,000 - 10,000) \times \frac{1}{5} \times \frac{3}{12} = \text{₩}97,500$$

매각금액	₩50,000
장부가액 ₩160,000 − 97,500 =	₩62,500
처분손실	₩12,500

(차) 감 가 상 각 비	7,500	(대) 감가상각누계액 − 기계		7,500
(차) 현　　　　　금	50,000	(대) 기　　　　　계		160,000
감가상각누계액 − 기계	97,500			
유형자산처분손실	12,500			

【12】 1)

	① 토 지	② 공장건물	③ 기 계
일괄구입가격배분액	₩432,000*	₩648,000**	
구 입 가 격			₩120,000
운 임 및 설 치 비 용			3,600
사 무 실 개 조 비 용		14,400	
대 수 리 비 용		21,600	
하 수 도 설 치 비 용	12,000		
취 득 원 가	₩444,000	₩684,000	₩123,600

$$* \ \text{₩}1,080,000 \times \frac{292,800}{292,800 + 439,200}$$

$$** \ \text{₩}1,080,000 \times \frac{439,200}{292,800 + 439,200}$$

2) 20×4년 감가상각비:

공장건물(₩684,000 × 15% × 6/12)	₩51,300
기장건계(₩123,600 × 10% × 6/12)	6,180
	₩57,480

【13】 (1)

(차) 무형자산상각비	66,667*	(대) 특 　 허 　 권		66,667

$$* \ 200,000 \times \frac{1}{3}$$

(2)

(차) 무형자산상각비	45,000*	(대) 개 　 발 　 비		45,000

$$* \ 180,000 \times \frac{1}{5-1}$$

(3)

(차) 무형자산상각비	30,000*	(대) 상 　 표 　 권		30,000

$$* \ 270,000 \times \frac{1}{10-1}$$

【14】 (1) ⟨20×0년 1월 1일⟩

(차) 특 　 허 　 권	2,350,000	(대) 현　　　　　금		2,350,000

⟨20×0년 12월 31일⟩

(차) 무형자산상각비	235,000	(대) 특 　 허 　 권		235,000

(2) ⟨변호사에게 지출한 ₩1,000,000에 대한 분개⟩

(차) 특 　 허 　 권	1,000,000	(대) 현　　　　　금		1,000,000

〈20×1년 12월 31일〉

(차) 무형자산상각비   222,500*   (대) 특　허　권   222,500

$$* \quad \frac{₩2,350,000 - 235,000 + 1,000,000}{14}$$

(3) 〈변호사에게 지출한 ₩1,000,000에 대한 분개〉

(차) 변호사수수료   1,000,000   (대) 현　　　금   1,000,000

〈특허권의 가치 상실에 대한 분개〉

(차) 무형자산상각비   2,115,000*   (대) 특　허　권   2,115,000

    * ₩2,350,000 − 235,000

【15】 1) (차) 연　　구　　비   1,000,000   (대) 현　　　금   1,000,000

        (차) 경상개발비(비용)   5,000,000   (대) 현　　　금   5,000,000

        (차) 개 발 비 (자 산)   2,000,000   (대) 현　　　금   2,000,000

     2) (차) 무형자산상각비   125,000*   (대) 개　발　비   125,000

    * ₩2,000,00 × 1/4 × 3/12 = 125,000

익힘문제 답안

【1】 ⑴ 담보부사채와 무담보부사채: 담보부사채는 회사의 특정자산을 담보로 하여 모집한 사채를 말하며, 무담보부사채는 담보권이 설정되어 있지 않은 사채를 말한다.

⑵ 단일만기사채와 복수만기사채: 발행한 사채의 만기일이 모두 동일한 사채를 단일만기사채라 하고, 이 경우 만기일에 원금 전액을 일시 상환하게 된다. 복수만기사채는 만기일이 둘 이상인 사채로 원금을 분할 상환하게 된다.

⑶ 전환사채와 상환사채: 사채권자의 청구에 의해 사채 1매당 일정비율의 주식으로 전환할 수 있는 권리가 인정된 사채로 사채권자에게 일종의 특권이 부여된 것이다. 상환사채는 기채회사의 청구에 의해 일정가격으로 사채를 구입, 소각할 수 있는 권리가 있는 사채로 기채회사에게 특권이 부여된 것이다.

【2】 사채의 할증발행은 액면이자율이 시장이자율보다 높은 경우에 이루어지며 사채발행으로 받은 금액이 사채액면보다 크게 된다. 액면이자율이 시장이자율보다 높다는 것은 투자자의 입장에서 보면 문제의 사채에 투자함으로써 위험수준이 비슷한 다른 투자기회에 비해 많은 이자를 받는다는 것을 뜻한다. 따라서 이러한 사채를 사려는 투자자가 증가하여 수요의 증가를 가져온다. 수요가 증가하면 가격이 상승하게 되어 액면가보다 높은 수준에서 시가가 형성된다.

【3】 투자자의 입장에서 전환사채는 사채가 제공하는 혜택(확정이자)과 투자자의 선택에 따라 이를 주식으로 전환할 수 있는 권리가 있어 보통주의 가격이 상승하면 이를 보통주로 전환시켜 자본이득을 실현시킬 수 있으며, 보통주의 가격이 하락하거나 전환이 유리한 가격까지 상승하지 못하면 전환하지 않고 그대로 보유하여 사채로부터 지급되는 이자수익을 획득할 수 있다. 발행회사 입장에서는 전환권이 없는 사채에 비해 낮은 이자를 지급하는 조건으로 사채를 발행할 수 있다.

【4】 액면이자율이 시장이자율보다 낮다는 것은 투자자의 입장에서 보면 문제의 사채에 투자함으로써 위험수준이 비슷한 다른 투자기회에 비해 적은 이자를 받는다는 것을 뜻한다. 따라서 이러한 사채를 사려는 투자자가 줄어 수요의 감소를 가져온다. 수요가 감소하면 가격이 감소하게 되어 액면가보다 낮은 수준에서 시가가 형성된다.

【5】 ⑴ 만기상환: 사채의 만기일에 액면가액으로 상환되는 것을 말한다.

⑵ 연속상환: 사채를 분할하여 상환하는 것을 말한다.

⑶ 조기상환: 사채의 만기일 이전에 상환되는 것을 말한다.

⑷ 전환사채의 전환: 사채권자가 전환을 요구하면 사채를 상환하는 대가로 주식을 발행하는 것이다.

【6】
액면가	₩1,000,000
3년간의 액면이자	360,000
발행가	(950,000)
총실질이자비용	₩410,000
실질원금	₩950,000

【7】
액면가	₩2,000,000
5년간의 액면이자	1,000,000
발행가	(2,100,000)
총실질이자비용	₩900,000
실질원금	₩2,100,000

【8】 상각후원가측정금융자산(AV금융자산)은 채무증권에 적용되는 분류기준으로서, 투자자의 사업모형이 약정된 현금을 회수하는 것이라면 채무증권을 공정가치가 아닌 상각후원가측정금융자산으로 분류할 수 있다. 상각후원가측정금융자산은 유효이자율법을 적용하여 이자수익을 인식하고 상각후원가로 재무상태표에 보고된다.

【9】 금융부채란 거래상대방에게 현금 등 금융자산을 인도하기로 한 계약상 의무를 말한다. 금융부채에는 매입채무, 미지급금, 차입금, 사채 등이 있다.

【10】 매 회계기말에 환율의 변동이 있으면 외화차입금를 재환산하여야 하며 이 과정에서 외화환산이익이나 외화환산손실이 발생하게 된다.

연습문제 해답

【1】 (1) 시장이자율이 10%인 경우
    ① 사채의 발행금액
      원금의 현재가치:
        ₩1,000,000 × 0.62092*   ₩ 620,920
      이자의 현재가치:
        ₩100,000 × 3.7908**   379,080
                        ₩1,000,000

      * 5기간, 10%인 목돈의 현재가치계수
      ** 5기간, 10%인 정상연금의 현재가치계수
    ② 사채의 발행시 분개
      (차) 현   금   1,000,000   (대) 사   채   1,000,000

(2) 시장이자율이 12%인 경우
    ① 사채의 발행금액
      원금의 현재가치:
        ₩1,000,000 × 0.5674*   ₩567,400
      이자의 현재가치:
        ₩100,000 × 3.6048**   360,480
                        ₩927,880

      * 5기간, 12%인 목돈의 현재가치계수
      ** 5기간, 12%인 정상연금의 현재가치계수
    ② 사채의 발행시 분개
      (차) 현   금   927,880   (대) 사   채   1,000,000
          사채할인발행차금   72,120

(3) 시장이자율이 8%인 경우

    ① 사채의 발행금액

        원금의 현재가치:

          ₩1,000,000 × 0.6806*   ₩680,600

        이자의 현재가치:

          ₩100,000 × 3.9927**   399,270

                                   ₩1,079,870

       * 5기간, 8%인 목돈의 현재가치계수

      ** 5기간, 8%인 정상연금의 현재가치계수

    ② 사채의 발행시 분개

        (차) 현   금   1,079,870   (대) 사   채   1,000,000

                                              사채할증발행차금   79,870

【2】 1) (차) 현   금   103,992   (대) 사   채   100,000

                                          사채할증발행차금   3,992

2)

사채할증발행차금상각표

액면가: ₩100,000   액면이자율: 연 9%   이자지급: 1년마다 후불

만 기: 5년   시장이자율: 연 8%   (소수점 이하 반올림)

연 도	A 매기초의 장부가액	B 1년의 유효이자 (8%×A)	C 1년이자 지급액 (₩100,000×9%)	D 사채할증 발행차금 (C−B)	E 미상각 사채할증 발행차금	F 매기말의 장부가액 (₩100,000+E)
발행시					₩3,992	₩103,992
20×1	₩103,992	₩8,319	₩9,000	₩681	3,311	103,311
20×2	103,311	8,265	9,000	735	2,576	102,576
20×3	102,576	8,206	9,000	794	1,782	101,782
20×4	101,782	8,143	9,000	857	925	100,925
20×5	100,925	8,075*	9,000	925	—	100,000

  * 액면가액과 장부가액을 일치시키기 위해 조정

    (차) 이 자 비 용   8,319   (대) 현   금   9,000

      사채할증발행차금   681

  3) (차) 이 자 비 용   8,265   (대) 현   금   9,000

      사채할증발행차금   735

【3】 1) 발행가액: ₩30,000,000 × 0.6575* + 3,600,000 × 2.2832** = ₩27,944,520

    (차) 현   금   27,944,520   (대) 사   채   30,000,000

      사채할인발행차금   2,055,480

      * 3기간, 15%인 목돈의 현재가치계수

      ** 3기간, 15%인 정상연금의 현재가치계수

  2) (차) 이 자 비 용   4,191,678*   (대) 현   금   3,600,000

                                        사채할인발행차금   591,678

      * ₩27,944,520 × 0.15 = ₩4,191,678

【4】 (1) (차) 현   금   924,160   (대) 사   채   1,000,000
          사채할인발행차금   75,840

     (2) (차) 현   금   500,000   (대) 사   채   500,000

     (3) (차) 이 자 비 용   25,000   (대) 현   금   25,000

     (4) ① A 형 사채
          (차) 이 자 비 용   92,416   (대) 현   금   80,000
                                              사채할인발행차금   12,416

         ② B 형 사채
          (차) 이 자 비 용   12,500   (대) 미 지 급 이 자   12,500*
                                        * ₩500,000 × 10% × 3/12

     (5) (차) 이 자 비 용   12,500*   (대) 미 지 급 이 자   12,500
             * 20×5년 4월 1일부터 20×5년 6월 30일까지의 발생이자: ₩500,000 × 0.1 × 3/12

          (차) 사   채   500,000   (대) 현   금   520,000
              미 지 급 이 자   12,500
              사 채 상 환 손 실   7,500*
             * 20×5년 6월 30일의 사채에 대한 장부가액:
              사채액면가액   ₩500,000
              미지급이자   12,500   ₩512,500
              사채상환금액   (520,000)
              사채상환손실   ₩7,500

【5】 (1) 20×1년 2월 1일
          (차) 현   금   44,400,000   (대) 사   채   50,000,000
              사채할인발행차금   5,600,000
     (2) 20×1년 7월 31일
          (차) 이 자 비 용   2,664,000*   (대) 현   금   2,500,000
                                              사채할인발행차금   164,000
             * ₩44,400,000 × 0.06 = 2,664,000
     (3) 20×1년 12월 31일
          (차) 이 자 비 용   2,228,200*   (대) 미 지 급 이 자   2,083,333**
                                              사채할인발행차금   144,867
             * (₩44,400,000 + 164,000) × 0.06 × 5/6
            ** ₩50,000,000 × 0.05 × 5/6

【6】 (1) 20×1년 2월 1일
          (차) 현   금   51,900,000   (대) 사   채   50,000,000
                                              사채할증발행차금   1,900,000
     (2) 20×1년 7월 31일
          (차) 이 자 비 용   2,076,000*   (대) 현   금   2,500,000
              사채할증발행차금   424,000
             * ₩51,900,000 × 0.04 = 2,076,000
     (3) 20×1년 12월 31일
          (차) 이 자 비 용   1,715,867*   (대) 미 지 급 이 자   2,083,333**
              사채할증발행차금   367,466
             * (₩51,900,000 − 424,000) × 0.04 × 5/6
            ** ₩50,000,000 × 0.05 × 5/6

【 7 】 1) $60,000 \div 500,000 = 0.12$ $\therefore 12\%$

2) $67,461 \div 449,740 = 0.15$ $\therefore 15\%$

3) (차) 현　　　　　금　　　449,740　　　(대) 사　　　　　채　　　500,000

사채할인발행차금　　　50,260

4) 사　　　　　채　　　₩500,000

사채할인발행차금　　　(24,352)*

₩475,648

　*₩50,260 − [7,461 + 8,580 + (465,781 × 0.15 − 60,000)]

【 8 】 (1) (차) 현　　　　　금　　　4,800,000　　　(대) 사　　　　　채　　　5,000,000

사채할인발행차금　　200,000

(2) (차) 이　자　비　용　　400,000*　　　(대) 미 지 급 이 자　　375,000**

사채할인발행차금　　25,000

　*₩4,800,000 × 0.1 × 10/12

　**₩5,000,000 × 0.09 × 10/12

(3) (차) 이　자　비　용　　80,000*　　　(대) 현　　　　　금　　　450,000

미 지 급 이 자　　375,000　　　사채할인발행차금　　5,000

　*₩4,800,000 × 0.1 × 2/12

(차) 사　　　　　채　　　1,000,000　　　(대) 현　　　　　금　　　980,000

사 채 상 환 손 실　　14,000　　　사채할인발행차금　　34,000*

　*상환되는 사채에 대한 미상각 사채할인발행차금: (₩200,000 − 25,000 − 5,000) × 1/5

【 9 】 1) 원금의 현재가치: ₩100,000 × 0.7938* ＝₩79,380

이자의 현재가치: ₩　5,000 × 2.5771** ＝ 12,886

취득원가　　　　　　　　　　　　₩92,266

　* 3기간, 8%인 목돈의 현재가치계수

　** 3기간, 8%인 정상연금의 현재가치계수

〈20×1년 1월 1일 취득시 분개〉

(차) 상각후원가측정금융자산　　92,266　　　(대) 현　　　　　금　　　92,266

2) 〈유효이자율법에 의한 이자인식〉

기　간	① 기초의 장부가액	② 연간 유효이자	③ 현금이자 수취액	④ 장부가액의 조정	④ 기말의 장부가액
20×1. 1. 1					₩92,266
20×1. 12. 31	₩92,266	₩7,381	₩5,000	₩2,381	94,647
20×2. 12. 31	94,647	7,572	5,000	2,572	97,219
20×3. 12. 31	97,219	7,781	5,000	2,781	100,000

3) 〈20×1년 12월 31일〉

(차) 현　　　　　금　　　5,000　　　(대) 이　자　수　익　　7,381

상각후원가측정금융자산　2,381

〈20×2년 12월 31일〉

(차) 현　　　　　금　　　5,000　　　(대) 이　자　수　익　　7,572

상각후원가측정금융자산　2,572

〈20×3년 12월 31일〉

(차) 현　　　　　금　　　5,000　　　(대) 이　자　수　익　　　7,781
　　상각후원가측정금융자산　　2,781

4) 〈20×3년 12월 31일〉

(차) 현　　　　　금　　100,000　　　(대) 상각후원가측정금융자산　100,000

【10】 (1) 20×1년 7월 1일:

(차) 상각후원가측정금융자산　222,766　　　(대) 현　　　　　금　222,766

(2) 20×1년 12월 31일:

(차) 현　　　　　금　　14,000　　　(대) 이　자　수　익　　13,366*
　　　　　　　　　　　　　　　　　　상각후원가측정금융자산　　634

　　* ₩222,766×0.06

(3) 20×2년 6월 30일:

(차) 현　　　　　금　　14,000　　　(대) 이　자　수　익　　13,328*
　　　　　　　　　　　　　　　　　　상각후원가측정금융자산　　672

　　* (₩222,766－634)×0.06

【11】 (1) 어음발행일(20×6년 9월 1일)

(차) 이　자　비　용　　36,000　　　(대) 단기차입금　　　336,000
　　현　　　　　금　300,000

(2) 결산일(20×6년 12월 31일)

(차) 선급이자　　　　24,000*　　　(대) 이　자　비　용　　24,000
　　　* ₩36,000×8/12

(3) 어음만기일(20×7년 8월 31일)

(차) 단기차입금　　　336,000　　　(대) 현　　　　　금　336,000
(차) 이　자　비　용　24,000　　　(대) 선　급　이　자　24,000

【12】 (1) (차) 현　　　　　금　500,000　　　(대) 단기차입금　　500,000

(2) (차) 이　자　비　용　20,000*　　　(대) 미지급이자　　20,000
　　　* ₩500,000×12%×4/12

(3) (차) 미지급이자　　20,000　　　(대) 현　　　　　금　560,000
　　이　자　비　용　40,000*
　　단기차입금　　　500,000
　　　* ₩500,000×12%×8/12

【13】 5월 11일 (차) 설　　　비　18,000　　　(대) 단기차입금　　18,000
5월 16일 (차) 현　　　금　19,500　　　(대) 단기차입금　　20,000
　　　　　　이　자　비　용　500*
　　　　　* ₩20,000×10%×90/360
6월 30일 (차) 이　자　비　용　225*　　　(대) 미지급이자　　225
　　　　　　* ₩18,000×9%×60/360×50/60
　　　　　(차) 선　급　이　자　250　　　(대) 이　자　비　용　250*
　　　　　　* ₩500×45/90
　　　　　(차) 집　합　손　익　475　　　(대) 이　자　비　용　475*
　　　　* 기 인식한 무이자부어음의 이자비용 250과 이자부어음의 이자비용 225를 합산

7월 10일 (차) 단기차입금	18,000		(대) 현	금	18,270
미지급이자	225				
이 자 비 용	45*				

* ₩18,000×9%×60/360×10/60

8월 14일 (차) 단기차입금	20,000		(대) 현	금	20,000
(차) 이 자 비 용	250		(대) 선 급 이 자		250

【14】 〈20×6년 4월 1일〉

(차) 매 입 채 무	100,000	(대) 당 좌 예 금		70,000
		단기차입금(당좌부채)		30,000

〈20×6년 4월 20일〉

(차) 당 좌 예 금	20,000	(대) 현	금	50,000
단기차입금(당좌부채)	30,000			

【15】 1,000×(5%, 6기간의 정상연금 미래가치계수)×(6%, 6기간의 목돈 미래가치계수)

$\qquad$ =1,000×6.8019×1.4185

$\qquad$ =9,648

$\quad$ +1,000×(6%, 6기간의 정상연금 미래가치계수)

$\qquad$ =1,000×6.9753

$\qquad\underline{\quad =6,975}$

$\qquad\underline{₩16,623}$

【16】 $x×14.487^* = ₩100,000,000 \qquad ∴ x = ₩6,902,740$

$\quad$ * 8%, 10기간 정상연금 미래가치계수

비금융부채

제11장

익힘문제 답안

【1】 충당부채는 과거 사건이나 거래의 결과에 의한 현재 의무로서, 지출의 시기 또는 금액이 불확실하지만 그 의무를 이행하기 위하여 자원이 유출될 가능성이 높고 또한 당해 금액을 신뢰성 있게 추정할 수 있는 의무를 말한다. 충당부채는 재무상태표에 부채로 인식한다. 충당부채의 예로는 판매보증충당부채, 경품충당부채, 퇴직급여부채 등이 있다.

【2】 우발부채는 기업이 통제할 수는 없는 불확실한 미래사건의 발생 여부에 의해서만 부채의 존재가 확인되거나, 그 금액도 합리적으로 예측할 수 없는, 불확실성이 상대적으로 높은 의무를 뜻하며, 따라서 재무제표에 부채로 인식할 수 없다. 그 예로는 계류중인 손해배상청구소송 등이 있다.

【3】 미지급비용은 해당기간 중에 이미 발생된 비용이지만 미지급상태이기 때문에 수정분개 전까지는 기록이 누락된 부채로 기말에 수정분개를 통해 인식된다. 미지급비용은 계약상의 의무에 해당되지 않기 때문에 비금융부채에 해당된다. 반면 매입채무는 일반적인 상거래에서 발생한 채무로 거래상대방에게 현금 등 금융자산을 인도하기로 한 계약상의 의무인 금융부채에 속한다.

【4】 회계기말 현재 퇴직급여부채에 계상할 금액은 종업원의 근속연수, 종업원의 이직률, 사망률, 미래임금상승률 등을 고려한 복잡한 보험수리적 평가기법을 사용하여 추정하여야 한다.

【5】 비금융부채는 부채의 정의를 만족하나 금융부채에는 해당되지 않는 항목들이다. 금융부채가 거래상대방에게 현금 등 금융자산을 인도하는 계약상의 의무인 반면 비금융부채는 거래상대방에게 현금 등 금융자산을 인도하지 않거나 계약상의 의무에 속하지 않는 부채이다.

【6】 가나안 상사는 상품을 판매할 때 상품에 대해 보증을 하는 기업으로 보증기간 동안 보증 업무를 이행할 의무를 갖게 된다. 상품보증은 판매하는 상품의 특징임과 동시에 고객에게는 그 상품을 구입하게 되는 여러 이유 중의 하나가 되기 때문에 보증에 소요되는 원가는 상품의 판매가 이루어진 기간의 비용으로 적절하게 인식되어야 한다. 즉 수익비용 대응의 관점에서 실제 수리업무가 제공되는 시기가 아니라 당기의 수익이 인식되는 기간에 합리적 추정에 의해 최선의 비용 추정치를 인식해야 한다.

【7】 회계기말에 회사가 인식하여야 할 충당부채 및 관련 비용을 기록하지 않는다면 재무상태표에서는 부채가 과소계상될 것이며, 손익계산서에서는 당기순이익이 과대계상될 것이다.

【8】 예수금은 일반적 상거래 이외에서 발생한 일시적 수령액으로 계약상의 의무가 아니기 때문에 비금융부채에 해당된다. 예를 들어 거래처나 고객으로 하여금 계약의 이행이나 소정의 의무이행을 확실히 하기 위해서 일시적으로 담보금, 예치금의 명목으로 수취하는 경우가 있는데, 이는 수취한 회사의 입장에서 본다면 예수금이란 부채가 된다.

【1】 총판매보증부채추정액　　(₩150,000＋360,000)×3%＝₩15,300
　　　 실제발생보증비용　　　 ₩700＋2,400＋3,500＝　　　(6,600)
　　　 판매보증부채잔액　　　　　　　　　　　　　　　　₩8,700

【2】 ① 제품보증에 대한 부채설정의 분개

(차) 판매보증비	2,160,000*	(대) 판매보증충당부채	2,160,000

　　　　　* 교환될 것으로 추정되는 전자계산기의 수　 720개(12,000×6%)
　　　　　　 전자계산기의 제조원가　　　　　　　　　　× ₩3,000
　　　　　　　　　　　　　　　　　　　　　　　　　　₩2,160,000

　　　 ② 교환의 분개

(차) 판매보증충당부채	1,950,000*	(대) 상　　품	1,950,000

　　　　　* ₩3,000×650개

【3】
추정부채(판매보증충당부채)

지　출	50,000	기　초	60,000
기　말	90,000	당기비용	80,000*

　　　　　　　　　　　　　　　　　　* (4,000,000×0.02)＝80,000

　　　　　　　　　　　∴ ₩90,000

【4】 총 경품충당부채추정액　　₩9,600,000*
　　　 실제발생 경품비용　　　(4,000,000)**
　　　 경품충당부채잔액　　　　₩5,600,000

　　　 * (₩800,000×0.6×1/5)×100
　　　 ** (₩200,000×1/5)×100

【5】 20×1년도　　300,000×0.06＝ ₩18,000
　　　 20×2년도　　500,000×0.06＝　 30,000
　　　 합　　계　　　　　　　　　 ₩48,000
　　　 비용지출계　　　　　　　　 (19,500)
　　　 추 정 부 채　　　　　　　　 ₩28,500

【6】
선 수 수 익

당기수익(소멸액)	1,600,000	기　초	1,800,000
기　말	2,500,000	현금수취액	2,300,000

　　　　　　　　　　　∴ ₩2,500,000

【7】 (1) 분개

③ (차) 판 매 보 증 비	99,200*	(대) 판매보증충당부채	99,200

　　　　　* ₩62,000×0.08×20

(차) 판매보증충당부채	41,400*	(대) 현　　금	41,400

　　　　　* ₩2,070×20

| ⑤ (차) 현　　　　　금 | 30,000 | (대) 차　입　금 | 30,000 |
| (차) 이　자　비　용 | 3,000* | (대) 미 지 급 이 자 | 3,000 |

*　＊ ₩30,000 × 12% × 10/12*

(2)　　　　　　　　　　　　　　　　　부분재무상태표

유동부채:	
매　입　채　무	₩215,300
선　　수　　금	14,500
미　지　급　급　여	14,430
미　지　급　이　자	3,000
차　　입　　금	30,000
판매보증충당부채	57,800
유동부채총계	₩335,030

【8】 1) 20×1년: 2,000 × 0.03 × 10 = ₩600
　　 20×2년: 3,000 × 0.03 × 10 = ₩900

2) 20×1년

(차) 판매보증충당부채	150	(대) 상　　품	150
20×2년			
(차) 판매보증충당부채	500	(대) 상　　품	500

3) 판매보증비 인식　　　　　　　₩600
　 판매보증업무 수행　　　　　　 (150)
　 판매보증충당부채계정잔액　　 ₩450

4) 판매보증충당부채계정 기초잔액　₩450
　 판매보증비 인식　　　　　　　　900
　 판매보증업무 수행　　　　　　 (500)
　 판매보증충당부채계정 기말잔액　₩850

【9】 추정경품비　　　　　₩800,000 × 1/5 × 0.6 × 0.5 = ₩48,000
　　 교환된 경품비　　　200,000 × 1/5 × 0.5 = 　　　(20,000)
　　 12월 31일 경품권충당부채잔액　　　　　　　　₩28,000

【10】 할인권 A : 할인권 결제기간 경과
　　　 할인권 B : 추정 보상액　　　₩2,000 × 1.1 × 0.6 = ₩1,320
　　　　　　　　　 기초보상액　　　　　　　　　　　　 (405)
　　　 추정부채로 12월 31일 계상해야 하는 금액　　　 ₩ 915

익힘문제 답안

【 1 】 법정자본을 자본금이라고 하는데 이것은 발행주식수에 액면가액을 곱한 것으로 채권자보호를 위하여 회사가 유지해야 할 최소한의 재산을 의미한다.

【 2 】 주식의 종류에는 크게 보통주와 우선주가 있다. 보통주는 주식회사가 반드시 발행해야 하는 것으로 의결권을 가지지만 배당이나 청산시 배분되는 자산에 대해 채권자나 우선주주보다 열위에 있기 때문에 보통주를 잔여지분이라 한다. 우선주는 배당지급이나 청산시에 보통주에 비해 우선권이 부여된 주식으로 누적적 우선주, 참가적 우선주, 전환우선주, 상환우선주 등 다양한 형태가 있다.

【 3 】 일반적으로 수취한 비현금자산의 공정가액과 기업이 반대급부로 발행한 주식의 공정가액 중 좀 더 신빙성 있고 객관적인 금액으로 거래를 기록한다. 예를 들어 주식이 상장되어 있어 공정시장가치를 쉽게 파악할 수 있는 반면에 회사가 수취한 비현금자산의 공정시장가치는 쉽게 파악할 수 없는 경우에는 주식의 공정시장가치에 의해 기록한다.

【 4 】 주당 장부가치는 기업의 순자산을 유통주식수로 나누어 계산한 수치이며, 주당시장가치는 증권시장에서 투자자가 기업의 미래 수익성을 예측하여 주식에 대해 기꺼이 지불하려고 하는 주당가격이다. 주당 장부가치는 역사적 원가 및 회사가 채택하고 있는 특정한 회계방법에 의해 결정되지만 주당시장가치는 특정 기업의 영업전망과 경제의 전반적인 상황에 대한 투자자의 기대에 의해 결정된다.

【 5 】 (1) 배당선언일: 배당지급의무가 발생하기 때문에 미지급배당금에 대한 회계처리를 한다.
(2) 배당기준일: 배당을 받을 권리를 가진 주주를 확정하는 날로 회계상으로는 아무런 처리를 하지 않는다.
(3) 배당지급일: 실제로 배당금을 지급하는 날로 현금 또는 기타자산의 감소와 부채의 소멸을 기록하는 날이다.

【 6 】 주식배당은 현금배당과는 달리 회사의 자산과 부채의 변동을 가져오지 않으며 이익잉여금이 자본금으로 대체되는 것이다. 배당기준일에는 분개가 이루어지지 않는다. 배당선언일에 배당과 관련된 분개가 이루어지는데 현금배당의 경우는 이익잉여금을 감소시키고 관련 미지급배당금을 기록한다. 주식배당의 경우는 이익잉여금을 감소시키고 대변에 미교부주식배당금(자본의 부가항목)을 기록하게 된다.

【 7 】 주식배당과 주식분할은 모두 주식의 분배라는 공통점을 갖고 있으나 주식배당은 현금이나 기타자산을 사외로 유출시키지 않고 누적된 이익잉여금을 주식으로 배당함으로써 이익잉여금을 영구적으로 자본화시키려는 의도에서 이루어진다. 반면 주식분할은 유통주식의 주당시장가치를 하락시켜 시장성을 높이려는 의도에서 이루어진다. 주식배당이나 주식분할로 자본총계에는 변함이 없다. 주식배당(주식분할)으로 이익잉여금은 감소(불변)되고 자본금은 증가(불변)하며 주당액면가는 변하지 않으며(감소하며) 유통주식수는 증가(증가)된다.

【8】 자기주식의 재발행가가 취득원가보다 크다면 그 차액이 자기주식처분이익이 된다. 자기주식처분이익
계정은 자본잉여금 중 기타자본잉여금에 속하는 항목으로 재무상태표에 직접 기록되므로 당기의 손익
계산서에 영향을 미치치 않는다. 이것은 자기주식의 취득과 발행을 회사가 임의로 조작하여 손익계산
서에 영향을 주지 않기 위함이다.

【9】 법적, 계약적 요구에 따라 또는 미래의 특정한 용도로 이용하기 위하여 이익잉여금 중의 일부가 배당 등
으로 사외에 유출될 수 없다는 것을 알리는 신호행위이다. 이것은 이익잉여금 그 자체에서의 재분류이
며 적립으로 인하여 이익잉여금이 없어진 것도 아니며 그만큼의 자금을 별도로 할당한 것도 아니다.

【10】 자본변동표는 한 회계기간 동안 발생한 자본의 변동에 관한 정보를 제공하는 재무보고서이다. 자본변
동표에는 자본을 구성하고 있는 자본금, 자본잉여금, 자본조정, 기타포괄손익누계액, 그리고 이익잉여
금의 변동에 대한 포괄적인 정보를 제공한다. 자본변동표에는 자본의 구성항목 및 총계별로 기초잔액,
변동사항, 그리고 기말잔액을 표시한다.

【11】 발행자가 주어진 조건에 의해 의무적으로 상환해야 하는 상환우선주는 자본이 아니라 부채로 분류되어
야 한다.

연습문제 해답

【1】　(1) (차) 현　　　　　금　　30,000,000　　(대) 보 통 주 자 본 금　　25,000,000
　　　　　　　　　　　　　　　　　　　　　　　주식발행초과금　　 5,000,000*

　　　　　　* (₩6,000 − 5,000) × 5,000주

　　　(2) (차) 토　　　　　지　　 1,300,000　　(대) 보 통 주 자 본 금　　 1,000,000
　　　　　　　　　　　　　　　　　　　　　　　주식발행초과금　　　 300,000*

　　　　　　* (₩6,500 − 5,000) × 200주

　　　(3) (차) 현　　　　　금　　 4,000,000　　(대) 보 통 주 자 본 금　　 5,000,000
　　　　　　주식할인발행차금　　 1,000,000*

　　　　　　* (₩5,000 − 4,000) × 1,000주

　　　(4) (차) 집 　합 　손 　익　　　 70,000　　(대) 이 　익 　잉 　여 　금　　　 70,000

【2】　(1) 8월 1일
　　　　　(차) 현　　　　　금　　60,000,000　　(대) 보 통 주 자 본 금　　20,000,000
　　　　　　　　　　　　　　　　　　　　　　　주식발행초과금　　40,000,000

　　　(2) 8월 2일
　　　　　(차) 차 량 운 반 구　　 3,120,000　　(대) 보 통 주 자 본 금　　 2,000,000
　　　　　　　　　　　　　　　　　　　　　　　주식발행초과금　　 1,120,000

　　　(3) 8월 6일
　　　　　(차) 수 수 료 비 용　　 2,000,000　　(대) 보 통 주 자 본 금　　 1,000,000
　　　　　　　　　　　　　　　　　　　　　　　주식발행초과금　　 1,000,000

　　　(4) 12월 31일
　　　　　(차) 토　　　　　지　　 6,700,000　　(대) 보 통 주 자 본 금　　 2,500,000
　　　　　　　　　　　　　　　　　　　　　　　주식발행초과금　　 4,200,000

【3】 1)⑴ (차) 현 금 200,000,000 (대) 보통주자본금 100,000,000*
주식발행초과금— 100,000,000*
보통주

* (₩10,000 − 5,000) × 20,000주

⑵ (차) 현 금 60,000,000 (대) 우선주자본금 40,000,000*
주식발행초과금— 20,000,000*
우선주

* (₩15,000 − 10,000) × 4,000주

⑶ (차) 이월결손금 250,000 (대) 집 합 손 익 250,000

2)

부분재무상태표		
개나리주식회사		20×1년 12월 31일
자 본		
보통주자본금: 액면가 ₩5,000, 수권주식 40,000주,		
발행주식 20,000주		₩100,000,000
우선주자본금: 액면가 ₩10,000, 수권주식 10,000주,		
발행주식 4,000주		40,000,000
주식발행초과금—보통주		100,000,000
주식발행초과금—우선주		20,000,000
차기이월미처리결손금		(250,000)
자본합계		₩259,750,000

【4】

	보통주	주식발행초과금	이익잉여금
⑴	○	○	—
⑵	+	○*	—
⑶	○	○	○
⑷	○	○	○
⑸	○	○	○
⑹	○	○	+

* 상법에 따라 주식배당은 액면으로 했음을 가정

【5】 ⑴ (차) 토 지 7,000,000 (대) 보통주자본금 5,000,000
주식발행초과금 2,000,000

⑵ (차) 토 지 6,000,000 (대) 보통주자본금 5,000,000
주식발행초과금 1,000,000

【6】 〈20×2년〉
우선주: 연체배당금 ₩10,000 × 10,000주 × 8% = ₩8,000,000
당기배당금 ₩14,000,000 − 8,000,000 = 6,000,000
총 배 당 액 ₩14,000,000
주당배당액 ₩14,000,000/10,000주 = ₩1,400
보통주: ₩0

⟨20×3년⟩
우선주:	연체배당금	₩10,000×10,000주×8%−6,000,000=	₩2,000,000
	당기배당금	₩10,000×10,000주×8%=	8,000,000
	총 배 당 액		₩10,000,000
	주당배당액	₩10,000,000/10,000주=	₩1,000
보통주:	총 배 당 액	₩14,000,000×10,000,000=	₩4,000,000
	주당배당액	₩4,000,000/50,000주=	₩80

⟨20×4년⟩
우선주:	총 배 당 액	₩10,000×10,000주×8%=	₩8,000,000
	주당배당액	₩8,000,000/10,000주=	₩800
보통주:	총 배 당 액	₩14,000,000−8,000,000=	₩6,000,000
	주당배당액	₩6,000,000/50,000주=	₩120

【7】 (1) 3월 1일 (차) 배 당 금　50,000,000*　(대) 미지급배당금−보통주　50,000,000
　　　　　　　(또는 이익잉여금)
　　　　　　　　* ₩2,500×20,000주

(2) 3월 10일 분개없음

(3) 3월 16일 (차) 미지급배당금−보통주　50,000,000　(대) 현　　　　　금　50,000,000

(4) 3월 17일 (차) 이 익 잉 여 금　10,000,000*　(대) 미교부주식배당금　10,000,000

(5) 4월 10일 (차) 미교부주식배당금　10,000,000　(대) 보 통 주 자 본 금　10,000,000
　　　　　　　　* ₩5,000×20,000주×10%=10,000,000

【8】 1) 주식분할전:

보통주자본금 ┌ 액　　　면	₩5,000	₩500,000,000
└ 발행주식수	100,000주	
주식발행초과금		200,000
이익잉여금		7,000,000
자본합계		₩507,200,000

주식분할후:

보통주자본금 ┌ 액　　　면	₩2,500	₩500,000,000
└ 발행주식수	200,000주	
주식발행초과금		200,000
이익잉여금		7,000,000
자본합계		₩507,200,000

2) 주식분할로 인한 변화는 단지 액면가의 감소와 발행주식수의 증가뿐이고 총자본에는 변함이 없으므로 주식분할거래는 분개할 필요가 없다.

【9】 1) (차) 이익잉여금　24,000,000　(대) 보 통 주 자 본 금　20,000,000
　　　　　　　　　　　　　　　　주식발행초과금　4,000,000*
　　　* 20,000주×20%×(₩6,000−5,000)
　　　또는 우리나라 상법에 의하면,
　　　(차) 이익잉여금　20,000,000　(대) 보통주자본금　20,000,000*
　　　* 20,000주×20%×₩5,000

2) 자   본
    보통주자본금: 액면 ₩5,000, 수권주식수 50,000주
                발행주식수 24,000주   ₩120,000,000
        주식발행초과금   24,000,000
        이익잉여금   26,000,000*
        자본총계   ₩170,000,000
        * 50,000,000 − 24,000,000
                    1)에 의한 이익잉여금

익힘문제 답안

【1】 현금의 범위는 현금, 예금 및 현금성자산이다. 예금은 1년 이내에 만기일이 도래해야 한다. 현금성자산이란 큰 거래비용 없이 현금으로 전환이 용이하고 이자율 변동에 따른 가치변동이 심하지 않은 단기금융자산 또는 유가증권 등을 말한다. 취득 당시 만기가 3개월 이내에 도래하는 채권, 취득 당시 상환일이 3개월 이내 도래하는 상환우선주 등을 들 수 있다.

【2】 발생기준에 의해 산출된 정보는 회계실체에 내재하는 현금흐름과 일치하지 않는다. 현재의 회계시스템의 한계는 너무도 많은 임의적인 배분절차를 이용하고 있기 때문에 산출된 이익수치가 기업의 수익력을 적절히 나타내주지 못하고 있다는 것이다. 재무제표는 물가변동을 반영하고 있지 않기 때문에 기업의 성패를 평가하기 위해서는 현금과 같이 보다 구체적인 기준이 필요하다. 또한 현금흐름 정보가 순운전자본 정보보다 기업의 유동성과 재무탄력성을 평가하는 데도 좋은 보조수단이 될 것이다. 그리고 현금흐름표는 흑자도산(기업의 수익성이 상당히 높음에도 불구하고 지급불능이나 도산상태에 이르는 것)을 미리 예측하고 적절한 대책을 강구하는 데에도 긴요하게 이용될 수 있을 것이다.

【3】 현금성자산이란 큰 거래비용 없이 현금으로 전환이 용이하고 이자율 변동에 따른 가치변동이 심하지 않은 단기금융자산 또는 유가증권을 말한다. 취득 당시 만기가 3개월 이내에 도래하는 채권, 취득 당시 상환일이 3개월 이내 도래하는 상환우선주 등을 들 수 있다.

【4】 투자유가증권의 매각, 토지의 처분, 건물의 취득.

【5】 단기차입금의 차입, 사채의 발행, 유상증자.

【6】 감가상각비는 현금의 유출을 발생시키지 않는 비용이기 때문이다.

【7】 예를 들어, 현금의 유출을 발생시키지 않는 비용인 감가상각비가 ₩5,000이고, 투자활동과 관련된 유형자산처분손실이 ₩10,000이고, 영업활동과 관련된 유동자산항목인 매출채권의 감소가 ₩15,000인 경우에 영업현금흐름이 ₩5,000 증가로 나타난다.

【8】 (1) 영향을 미치지 않는다.
(2) 영향을 미치지 않는다.
(3) 현금을 감소시킨다.
(4) 현금을 증가시킨다.

【9】 단지 계정의 재분류이기 때문에 현금흐름표에 미치는 영향은 없다.

【10】 유형자산처분이익에 해당하는 현금유입은 투자활동으로 인한 현금흐름에 반영되므로 당기순이익에서 차감하지 않으면 이중 계상되기 때문이다.

【11】 배당금의 지급은 재무활동으로 인한 현금유출액에 반영된다.

【12】 전통적으로 이자비용은 손익계산서에 비용으로 보고되므로 현금흐름표의 영업활동에 포함되어 왔다. 그러나 배당금이 주주에 대한 보상이라면 이자비용은 채권자에 대한 보상으로 볼 수 있기 때문에 이자비용을 재무활동으로 인한 현금유출로 보고해야 한다는 주장이 있다. K-IFRS는 두 입장을 모두 수용하여 이자비용을 영업활동 또는 재무활동 중 선택적으로 반영하는 것을 허용하고 있다.

【13】 전통적으로 이자수익과 배당금 수익은 영업활동에 의한 현금유입에 반영되나, K-IFRS는 이들을 투자활동으로 인한 현금유입으로 보고하는 것도 허용하고 있다.

연습문제 해답

【1】
(1) 현 금		₩5,690	증가
(2) 〃		₩3,200	감소
(3) 〃		₩24,400	감소
(4) 〃		₩1,800	증가
(5) 〃		₩6,100	증가
(6) 〃		영향 없음	

【2】

	현금에 미치는 효과		
번 호	유 입	유 출	무 영향
(1)	×		
(2)	×		
(3)		×	
(4)			×
(5)			×

【3】

	현금에 미치는 영향		
	증 가	감 소	무영향
(1) 순손실의 발생		×	
(2) 주식배당의 선언			×
(3) 현금배당(이미 선언된 것)의 지급		×	
(4) 매출채권의 회수	×		
(5) 재고자산의 현금구입		×	
(6) 비유동부채의 현금상환		×	
(7) 비유동부채 중 일부를 유동부채로 대체			×
(8) 비품을 취득하고 그 대가로 주식을 발행			×
(9) 3년간의 보험료를 선급		×	
(10) 자기주식의 현금취득		×	

	증 가	감 소	무영향
⑾ 완전히 상각된 트럭의 폐기 (이득이나 손실은 없음)			×

【4】 ⑴ ① 분개 (차) 투자유가증권　21,000　　(대) 현　　　　금　21,000
　　　　② 효과: 현금 ₩21,000 감소
　　⑵ ① 분개 (차) 현　　　　금　1,080　　(대) 매 출 채 권　1,080
　　　　② 효과: 현금 ₩1,080 증가
　　⑶ ① 분개 (차) 건　　　　물　170,000　　(대) 현　　　　금　10,000
　　　　　　　　　　　　　　　　　　　　　　미 지 급 금　160,000
　　　　② 효과: 현금 ₩10,000 감소
　　⑷ ① 분개 (차) 대 손 충 당 금　400　　(대) 매 출 채 권　400
　　　　② 효과: 영향 없음
　　⑸ ① 분개 (차) 현　　　　금　6,400,000　　(대) 자　본　금　5,000,000
　　　　　　　　　　　　　　　　　　　　　　주식발행초과금　1,400,000
　　　　② 효과: 현금 ₩6,400,000 증가

【5】 1. 당기순이익 ₩46,000
　　2. 현금의 유출이 없는 비용 등 가산 35,000
　　　감가상각비 26,000
　　　무형자산상각비 9,000
　　3. 영업활동으로 인한 자산·부채의 변동 (71,000)
　　　매출채권의 증가 (72,000)
　　　매입채무의 증가 57,000
　　　재고자산의 증가 (40,000)
　　　선급비용의 증가 (10,000)
　　　미지급비용의 감소 (6,000)
　　영업활동으로 인한 현금흐름 ₩10,000

【6】 당기순이익 ₩120,000
　　당기순이익에 가산할 항목
　　　감가상각비 ₩15,600
　　　선급보험료 감소 400
　　　상표권상각 1,000
　　영업활동으로 인한 현금흐름 ₩137,000

【7】 직접법:
　　가. 매출 등 수익활동으로부터의 유입액　₩46,800(50,000−1,000−2,200)
　　나. 매입에 대한 유출액　23,000(30,000−7,000)
　　다. 종업원에 대한 유출액　14,500(15,000−500)
　　영업활동으로 인한 현금흐름　₩9,300

【8】 당기순이익 ₩3,000
　　가산항목: 감가상각비 1,000
　　　　　　매입채무의 증가 7,000
　　　　　　미지급급여의 증가 500

차감항목: 매출채권(순액)의 증가   (2,200)
영업활동으로 인한 현금흐름   ₩9,300

【9】

현　금

차변(현금의 유입)			대변(현금의 유출)
잔　액	12,500		

Ⅰ. 영 업 활 동

당기순이익	① 25,000	③ 1,000	매입채무의 감소
감가상각비	② 4,000		
매출채권의 감소	④ 5,000		
재고자산의 감소	⑤ 5,000		

Ⅱ. 투 자 활 동

Ⅲ. 재 무 활 동

		⑥ 5,000	배당금지급
잔액	45,500		

매출채권(순액)			
잔액	26,000	④ 5,000	
잔액	21,000		

재고자산			
잔액	51,000	⑤ 5,000	
잔액	46,000		

비　품		
잔액	60,000	
⑦ 5,000		
잔액	65,000	

감가상각누계액 – 비품		
	잔액	5,000
	② 4,000	
	잔액	9,000

매 입 채 무		
③ 1,000	잔액	14,000
	잔액	13,000

미지급비용		
	잔액	30,000
	잔액	30,000

보통주자본금		
	잔액	90,000
	⑦ 5,000	
	잔액	95,000

이익잉여금		
⑥ 5,000	잔액	10,500
	① 25,000	
	잔액	30,500

현 금 흐 름 표

갑을회사   20×2년 1월 1일 ~ 20×2년 12월 31일

Ⅰ. 영업활동으로 인한 현금흐름		₩38,000
1. 당기순이익	₩25,000	
2. 현금의 유출이 없는 비용 등의 가산	4,000	
감가상각비	4,000	
3. 현금의 유입이 없는 수익 등의 차감	0	
4. 영업활동으로 인한 자산·부채의 변동	9,000	
매출채권의 감소	5,000	
재고자산의 감소	5,000	
입채무의 감소	(1,000)	
Ⅱ. 투자활동으로 인한 현금흐름		0
Ⅲ. 재무활동으로 인한 현금흐름		(5,000)
1. 재무활동으로 인한 현금유입액		
2. 재무활동으로 인한 현금유출액	(5,000)	
배당금 지급	5,000	
Ⅳ. 현금의 증가(Ⅰ+Ⅱ+Ⅲ)		₩33,000
Ⅴ. 기초 현금		12,500
Ⅵ. 기말 현금		₩45,500

【10】

정 산 표

갑자회사   20×1년 10월 1일 ~ 20×2년 9월 30일

재 무 상 태 표	20×1년 9월 30일	거래의 분석 차 변	거래의 분석 대 변	20×2년 9월 30일
자 산:				
현 금	₩ 10,000	⑫ 70,000		₩80,000
매 출 채 권(순액)	60,000		⑧ 10,000	50,000
재 고 자 산	110,000		⑨ 20,000	90,000
선 급 보 험 료	500		⑩ 200	300
설 비 자 산·비 품	276,000	② 50,000		326,000
감 가 상 각 누 계 액	(70,000)		① 30,000	(100,000)
자 산 합 계	₩386,500			₩446,300
부채와 자본:				
매 입 채 무	₩ 30,000		⑪ 15,000	₩45,000
단 기 차 입 금	40,000	④ 40,000	⑤ 15,000	15,000
장 기 차 입 금	140,000	③ 10,000	② 50,000	180,000
보 통 주 자 본 금	100,000			100,000

이 익 잉 여 금	76,500	⑦ 30,000	⑥ 59,800	106,300
부채와 자본 합계	₩386,500	₩200,000	₩200,000	₩446,300
Ⅰ. 영업활동으로 인한 현금흐름				
1. 당기순이익		⑥ 59,800		
2. 당기순이익에 가산할 항목				
감가상각비		① 30,000		
매출채권 감소		⑧ 10,000		
재고자산 감소		⑨ 20,000		
선급보험료 감소		⑩ 200		
매입채무 증가		⑪ 15,000		
Ⅱ. 투자활동으로 인한 현금흐름				
투자활동으로 인한 현금유출액			② 50,000	
Ⅲ. 재무활동으로 인한 현금흐름				
1. 재무활동으로 인한 현금유입액				
단기차입금의 차입		⑤ 15,000		
장기차입금의 차입		50,000		
2. 재무활동으로 인한 현금유출액				
단기차입금상환			④ 40,000	
장기차입금상환			③ 10,000	
현 금 배 당			⑦ 30,000	
Ⅳ. 현금의 증가(Ⅰ + Ⅱ + Ⅲ)			⑫ 70,000	
		₩200,000	₩200,000	

【11】

현 금 흐 름 표

갑정회사　　　　　　　　　　　　　　　20×3년 1월 1일 ~ 20×3년 12월 31일

Ⅰ. 영업활동으로 인한 현금흐름		₩624,000
1. 당기순이익	₩324,000	
2. 현금유출이 없는 비용 등의 가산		
감가상각비	305,000	
3. 현금유입이 없는 수익 등의 차감	0	
4. 영업활동으로 인한 자산·부채의 변동		
매입채무 증가	73,000	
미지급비용 증가	77,000	
매출채권 증가	(53,000)	
재고자산 증가	(98,000)	
선급비용 증가	(4,000)	
Ⅱ. 투자활동으로 인한 현금흐름		
1. 투자활동으로 인한 현금유입액		(562,000)
비품처분	15,000	

108

	2. 투자활동으로 인한 현금유출액		
	비품취득	559,000	
	토지취득	18,000	
Ⅲ. 재무활동으로 인한 현금흐름			(79,000)
	1. 재무활동으로 인한 현금유입액		
	보통주발행	16,000	
	2. 재무활동으로 인한 현금유출액		
	현금배당	70,000	
	사채상환	25,000	
Ⅳ. 현금의 감소(Ⅰ + Ⅱ + Ⅲ)			₩(17,000)
Ⅴ. 기초 현금			179,000
Ⅵ. 기말 현금			₩162,000

【12】

현금흐름표

갑정회사   20×3년 1월 1일 ~ 20×3년 12월 31일

Ⅰ. 영업활동으로 인한 현금흐름			₩(63,000)
	1. 당기순이익	₩24,000	
	2. 현금의 유출이 없는 비용 등 가산	40,000	
	감가상각비	30,000	
	무형자산상각비	10,000	
	3. 현금의 유입이 없는 수익 등의 차감	0	
	4. 영업활동으로 인한 자산·부채의 변동	(127,000)	
	선급비용의 감소	3,000	
	매출채권의 증가	(10,000)	
	재고자산의 증가	(40,000)	
	매입채무의 감소	(47,500)	
	미지급이자의 감소	(30,000)	
	미지급급여의 감소	(2,500)	
Ⅱ. 투자활동으로 인한 현금흐름			15,000
	1. 투자활동으로 인한 현금유입액	15,000	
	당기손익인식금융자산의 처분	15,000	
Ⅲ. 재무활동으로 인한 현금흐름			51,000
	1. 재무활동으로 인한 현금유입액	60,000	
	사채의 발행	60,000	
	2. 재무활동으로 인한 현금유출액	(9,000)	
	배당금 지급	9,000	
Ⅳ. 현금의 증가(Ⅰ + Ⅱ + Ⅲ)			₩3,000
Ⅴ. 기초 현금			76,400
Ⅵ. 기말 현금			₩79,400

【13】 1)

매출채권

기 초	36,800	현금회수	365,600
매 출 액	367,100	기 말	38,300

2)

재고자산

기 초	38,700	매출원가	255,300
매 입	258,500	기 말	41,900

매입채무

지 급	257,600	기 초	7,200
기 말	8,100	매 입	258,500

3) 감가상각비를 제외한 관리비 　　　　　　　₩80,800
　　+선급관리비 증가 　　　　　　　　　　　　600
　　+미지급관리비 감소 　　　　　　　　　　1,200
　　　　　　　　　　　　　　　　　　　　　₩82,600

【14】

① 매출액	₩220,000	② 보험료:	₩2,000
매출채권의 증가	(3,500)	선급보험료의 감소	(2,000)
	₩216,500		₩0
③ 이자수익:	₩850	④ 임대료	₩42,000
		선수임대료 감소	(1,100)
			₩40,900
⑤ 재산세:	₩1,350		

【15】

현금흐름표

석훈회사 　　　　　　　　　　　　　　20×6년 1월 1일~20×6년 12월 31일

Ⅰ. 영업활동으로 인한 현금흐름		₩52,000
1. 당기순이익	₩39,000	
2. 현금유출이 없는 비용 등의 가산		
① 감가상각비	20,000	
3. 현금유입이 없는 수익 등의 차감	0	
4. 영업활동으로 인한 자산·부채의 변동		
① 매출채권 증가	(6,000)	
② 재고자산 증가	(2,000)	
③ 미지급비용 감소	(2,000)	
④ 매입채무 증가	3,000	
Ⅱ. 투자활동으로 인한 현금흐름		(23,000)
1. 투자활동으로 인한 현금유입액		
건물처분	₩2,000	
2. 투자활동으로 인한 현금유출액		
건물취득	25,000	

Ⅲ. 재무활동으로 인한 현금흐름			(25,000)
1. 재무활동으로 인한 현금유입액			
유상증자		5,000	
2. 재무활동으로 인한 현금유출액			
현금배당		30,000	
Ⅳ. 현금증가(Ⅰ + Ⅱ + Ⅲ)			₩4,000
Ⅴ. 기초 현금			20,000
Ⅵ. 기말 현금			₩24,000

【16】

현금흐름표

소진회사　　　　　　　　　　　　　　　　20×6년 1월 1일 ~ 20×6년 12월 31일

Ⅰ. 영업활동으로 인한 현금흐름		₩33,000
1. 당기순손실	(20,000)	
2. 현금의 유출이 없는 비용 등의 가산		
감가상각비	93,000	
3. 현금의 유입이 없는 수익 등의 차감	0	
4. 영업활동으로 인한 자산·부채의 변동		
매출채권의 증가	(28,000)	
재고자산의 증가	(15,000)	
매입채무의 증가	3,000	
Ⅱ. 투자활동으로 인한 현금흐름		(55,000)
1. 투자활동으로 인한 현금유입액		
기계처분	66,000	
2. 투자활동으로 인한 현금유출액		
기계취득	121,000	
Ⅲ. 재무활동으로 인한 현금흐름		15,000
1. 재무활동으로 인한 현금유입액		
사채발행	15,000	
Ⅳ. 현금감소(Ⅰ + Ⅱ + Ⅲ)		₩(7,000)
Ⅴ. 기초 현금		62,000
Ⅵ. 기말 현금		₩55,000

현금흐름표

문영회사		20×8년 1월 1일 ~ 20×8년 12월 31일
I. 영업활동으로 인한 현금흐름		₩36,000
1. 당기순이익	₩21,600	
2. 현금유출이 없는 비용 등의 가산		
① 감가상각비	6,500	
3. 현금유입이 없는 수익 등의 차감	0	
4. 현금유입이 없는 수익 등의 가산		
① 매출채권 증가	(1,400)	
② 매입채무 감소	(1,500)	
③ 재고자산 감소	2,500	
④ 미지급관리비 증가	8,300	
II. 투자활동으로 인한 현금흐름		(17,500)
1. 투자활동으로 인한 현금유출액		
기계취득	17,500	
III. 재무활동으로 인한 현금흐름		(21,100)
1. 재무활동으로 인한 현금유출액		
① 현금배당	16,100	
② 사채상환	5,000	
IV. 현금감소(I + II + III)		₩(2,600)
V. 기초 현금		15,400
VI. 기말 현금		₩12,800

익힘문제 답안

【1】 재무제표분석의 목적은 투자대상 기업에 대한 과거의 경영성과와 현재의 재무상태를 파악하고, 이를 기초로 미래의 수익잠재력과 관련위험을 예측하는 것이다. 따라서, 채권자는 신용제공과 관련하여 담보나 이자율 결정 및 회수가능성 평가를 위하여 재무제표분석을 하고, 투자자는 주가의 평가와 주식의 매입, 매도 및 배당금 수령가능성 등과 같은 투자의사결정을 위하여 재무제표분석을 한다.

【2】 기본적 분석은 증권의 내재가치에 영향을 미치는 기업의 기대이익, 배당 등의 요인을 예측하여 과소평가 또는 과대평가된 증권을 식별해 냄으로써 비정상적인 초과수익을 얻고자 하는 분석방법이다. 즉 과소평가된 증권은 매입하고 과대평가된 증권은 매도하여 기대수익률보다 높은 초과수익을 얻고자 하는 분석방법이다.

【3】 재무제표분석에 일반적으로 사용되는 기법으로는 추세분석, 수직적 분석, 비율분석 등이 있다.
   ⑴ 추세분석은 특정기업에 대한 두 기간 이상에 걸친 변화를 비교하는 기법으로서 시계열분석의 일종이다. 이 기법은 장기전망에 유용하다.
   ⑵ 수직적 분석은 백분비재무제표를 이용하여 재무제표 각 구성요소의 상대적 중요성과 그 변화를 분석하는 기법이다. 이 기법은 동일 산업내 규모가 상이한 기업을 분석할 때 유용하다.
   ⑶ 비율분석은 두 개 이상의 수치간의 관계를 비율로 산출하여 기업의 재무상태나 경영성과를 분석하는 기법이다. 비율분석을 통하여 상호 관련된 많은 항목들을 경제적인 의미가 있는 몇몇 지표로 축소할 수 있으며, 이 자료를 통하여 기업의 재무상태나 경영성과를 보다 쉽게 이해할 수 있다.

【4】 수익성평가는 일정기간 동안의 수익성을 평가하는 것으로 이를 위해서는 총자본이익률, 자기자본이익률, 매출액순이익률, 매출액영업현금비율, 주가이익비율, 배당이익률 등이 사용된다.

【5】 활동성평가는 자산운용의 효율성을 측정하는 것으로 이를 위해서는 총자산회전율, 매출채권회전율, 재고자산회전율 등이 사용된다.

【6】 재무위험평가는 장단기지급능력을 평가하는 것으로 단기지급능력 평가에는 유동비율과 당좌비율이, 장기지급능력 평가에는 부채비율, 이자보상배율, 현금기준 이자보상배율 등이 사용된다.

【7】 ⑴ 수익성비율
       1) 총자본이익률은 영업에 사용된 모든 자산의 수익성을 의미한다.
       2) 자기자본이익률은 주주들의 투자에 대한 수익성을 의미한다.
       3) 매출액순이익률은 매출에 의해 창출된 이익의 크기를 의미한다.
       4) 매출액 영업현금비율은 매출에 의해 창출된 영업현금의 크기를 의미한다.
       5) 주가이익비율은 주식시장에서 순이익 ₩1당 지불하는 금액을 의미한다.
       6) 배당이익률은 투자자에 대한 배당이익을 의미한다.
   ⑵ 활동성비율
       1) 총자산회전율은 수익창출을 위해서 자산을 총체적으로 얼마나 효율적으로 사용했는가를 나타낸다.

　　　　2) 매출채권회전율은 매출채권의 현금화 속도와 신용정책의 효과를 나타낸다.
　　　　3) 재고자산회전율은 재고자산의 효율적 판매정도를 나타낸다.
　　(3) 재무위험의 평가
　　　　1) 유동비율은 단기지급능력을 의미한다.
　　　　2) 당좌비율은 유동비율보다 보수적인 입장에서 측정한 단기지급능력을 의미한다.
　　　　3) 부채비율은 자기자본에 대한 타인자본의 상대적 크기를 의미한다.
　　　　4) 이자보상배율은 영업이익으로 측정된 이자지급능력 및 채권자 보호능력을 나타낸다.
　　　　5) 현금기준 이자보상배율은 영업현금으로 측정된 이자지급능력 및 채권자 보호능력을 나타낸다.

【8】 특정시점에서 특정기업의 비율 자체만으로는 기업의 재무상태나 경영성과 평가에 큰 의미를 부여할 수 없다. 그러므로 올바른 분석과 평가를 위해서는 분석대상 기업의 재무비율을 비교할 수 있는 대상(평가기준)이 있어야 하며, 하나의 비율보다는 여러 개의 비율을 종합적으로 이용하는 것이 바람직하다. 그리고 비율분석과 아울러 이익의 질과 자산구성의 질 등을 고려하여 분석하여야 하며, 수직적 분석이나 추세분석 등을 병행하여 단점을 보완하여야 한다.

【9】 시계열분석은 특정기업이나 산업의 다기간 동안의 재무제표상의 수치나 비율의 추세를 비교하는 방법이고, 횡단면분석은 특정시점에서 분석대상 기업이 속한 산업내의 다른 기업이나 산업평균과 비교하는 방법이다. 따라서 시계열분석은 분석대상 기업이 고정된 상태에서 기간별 변화를 분석하는 것이고, 횡단면분석은 분석대상 시점이 고정된 상태에서 산업평균과 비교하여 분석하는 것이다.

【10】 유동비율이 높다고 반드시 좋은 것은 아니다. 왜냐하면, 불필요한 유휴현금이 과다하거나 매출부진에 따른 재고누적에 의해서도 유동비율이 높아질 수 있기 때문이다. 그러므로 단기지급능력과 관련하여 적정한 유동비율만 확보된다면, 그 이상의 유동비율 개선은 큰 의미가 없다. 그리고 유동비율은 업종이나, 경제상황에 따라 양호여부의 기준이 상이할 수 있으므로 평가할 때 유의하여야 한다.

【11】 재무제표분석은 기업가치 분석이나 신용분석시 매우 유용한 도구이나 다음과 같은 한계점이 있다.
　　　첫째, 공시된 재무제표를 기초로 행해지기 때문에 재무제표의 적정성 여부에 따라 많은 영향을 받는다.
　　　둘째, 대체적인 회계처리방법이 존재하기 때문에 회계처리방법을 주의 깊게 고려하지 않으면 분석이 왜곡될 수 있다.
　　　셋째, 같은 산업에 속한다 해도 업무내용에 따라 상이한 점이 많기 때문에 평가기준이 되는 비교대상 기업을 선정하기가 어렵다.
　　　넷째, 재무제표분석은 여러 가지 정보 중 일부에 불과하므로 산업정보나 경제 전반에 관한 정보를 고려하지 않으면 분석이 왜곡될 수 있다.

【12】 자기자본이익률은 주주가 투자한 자기자본에 대해 한 회계기간 동안에 얼마나 이익이 발생했는지를 나타내는 재무비율이다. 자기자본이익률은 당기순이익을 자기자본으로 나눈 것인데 이를 분해하면 다음과 같다.

$$자기자본이익률 = \frac{당기순이익}{자기자본}$$

$$= \frac{당기순이익}{매출액} \times \frac{매출액}{총자산} \times \frac{총자산}{자기자본}$$

$$= \underset{수익성}{매출총이익} \times \underset{활동성}{총자산회전율} \times \underset{재무위험}{(1+부채비율)}$$

【13】

	유동비율	당좌비율	부채비율
(1)	감소	감소	증가
(2)	감소	감소	증가
(3)	증가	증가	증가
(4)	불변	감소	불변
(5)	불변	불변	불변
(6)	불변	불변	증가
(7)	증가	증가	감소
(8)	감소	감소	증가

연습문제 해답

【1】

추 세 분 석

	20×1	20×2	20×3	20×4	20×5
매　　출	100	104	110	109	115
매출원가	100	105	111	110	122
관 리 비	100	102	106	108	110
영업이익	100	103	112	106	92

매출과 영업이익이 증가추세에 있었으나 20×5년 매출원가의 급격한 상승으로 영업이익이 기준연도에 비해 훨씬 미달되고 있다. 따라서 매출원가의 절감에 신경을 써야 할 것이다.

【2】

백 분 비 비 교 손 익 계 산 서

노고주식회사　　　　　　　　　　　　　　　　　　　　　　　　　　　　　(단위: ₩1,000)

	20×2		20×1	
	금　액	%	금　액	%
매　　　출	₩212,000	100	₩184,000	100
매 출 원 가	127,200	60	119,600	65
매출총이익	₩84,800	40	₩64,400	35
판 매 비	₩53,000	25	₩36,800	20
관 리 비	25,440	12	18,400	10
총영업비용	₩78,440	37	₩55,200	30
영 업 이 익	₩6,360	3	₩9,200	5

매출원가가 매출액의 65%에서 60%로 감소하였으나 총영업비용이 30%에서 37%로 증가하여 영업이익이 5%에서 3%로 감소하였다.

【3】 단위: ₩1,000

	비　　　　율	중　요　성
1) 유 동 비 율	₩140,000/70,000 = 2.00	단기채무지불능력의 측정
2) 당 좌 비 율	₩80,000/70,000 ≒ 1.14	유동비율보다 보수적인 단기채무지급능력의 측정
3) 자기자본이익률	₩20,000/150,000 ≒ 0.13	주주의 투자에 대한 수익성의 측정
4) 부 채 비 율	₩170,000/150,000 ≒ 1.13	자기자본에 대한 타인자본의 상대적 크기의 측정

【4】 1) 단위: ₩1,000

① 유동비율 = ₩263,000/81,000 ≒ 3.25

② 재고자산회전율 = ₩760,000/115,000* ≒ 6.61

　　* (₩100,000 + 130,000)/2

③ 매출채권회전율 = ₩1,000,000/90,000 ≒ 11.11

④ 주당이익 = ₩70,000/50,000* = 1.4

　　* ₩250,000/5

⑤ 매출액이익률 = ₩70,000/1,000,000 = 0.07

⑥ 자기자본이익률 = ₩70,000/362,000* ≒ 0.19

　　* ₩250,000 + 112,000

2) ① 유동자산과 유동부채의 변화가 없으므로 유동비율은 영향 없음

② 유동자산이 감소하므로 유동비율이 감소

③ 유동자산과 유동부채의 동일금액의 감소가 있으나 상대적 금액이 작은 분모(유동부채)에 미치는 영향이 크기 때문에 유동비율이 증가

【5】 1) 단위: ₩1,000

서연회사　　　　₩208,800/4,000,000 = 5.22(%)

연강회사　　　　₩252,000/4,000,000 = 6.3(%)

연강회사의 총자본이익률이 더 높다.

2) 서연회사　　　　₩208,800/2,200,000* ≒ 9.5(%)

연강회사　　　　₩252,000/3,500,000** ≒ 7.2(%)

　* ₩1,600,000 + 600,000

** ₩2,800,000 + 700,000

서연회사의 자기자본이익률이 더 높다.

3) 서연회사　　　　₩208,800/80,000* ≒ ₩2.61/주

연강회사　　　　₩252,000/140,000주** ≒ ₩1.8/주

　* ₩1,600,000/20

** ₩2,800,000/20

주당순이익은 서연회사가 더 높다. 서연회사는 자산 가운데 상당부분을 5%의 이자비용으로 차입한 것이고 이들 자산은 5%를 초과하는 수익을 획득하는 데 사용하였다. 차입자산에 의한 초과수익은 주주에 대한 추가적인 순이익을 나타내고 그것이 주당순이익을 높이는 결과가 되었다.

4) 수익성의 관점에서 서연회사의 주주가 고정부채를 발행하는 것은 유리하다. 왜냐하면 고정부채의 조달로부터 획득한 자산은 서연회사의 자금조달비용보다 더 높은 수익을 획득하기 때문이다.

【6】 1) 부채비율

    H상선＝₩3,450,000/411,300＝839%

    J해운＝₩3,760,000/361,800＝1,039%

수치상으로는 H상선이 J해운보다 상대적으로 양호하므로 은행의 결정이 옳다고 할 수 있다. 그러나 H상선의 부채비율인 839% 역시 매우 높은 수치로서 부채비율만 본다면 대출을 결정하는 것은 매우 위험한 일이다. 아마도 담보를 확보하였거나 H그룹에 속하는 다른 계열사의 지급보증을 받았다면 어느 정도 대출위험을 감소시킬 수 있을 것이다.

2) 이자보상배율(영업이익에 대한 정보가 문제에 주어져 있지 않으므로 영업이익 대신 매출총이익을 분자에 사용함)

$$H상선 = \frac{₩345,000}{156,000} = 2.21$$

$$J해운 = \frac{₩380,000}{215,000} = 1.77$$

이자보상배율에 있어서 H상선이 J해운보다 양호하므로 은행의 결정이 자료만 놓고 보면 옳았다고 할 수 있다. 그러나 동종산업평균과 비교 등 기타의 분석이 따라야 할 것이다.

【7】 1)

	K주식회사	S주식회사	양호한 회사
① 유동비율	$\frac{₩59,847+17,185+22,412}{1.611}=61.7$	$\frac{₩438,500+850,000+663,300}{939,000}=2.1$	K주식회사
② 당좌비율	$\frac{₩59,847+17,185}{1.611}=47.8$	$\frac{₩22,269+31,636}{50.062}=1.1$	K주식회사
③ 매출채권 회전율	$\frac{₩718,547}{17,185}=41.8$	$\frac{₩1,303,117}{31,636}=41.2$	K주식회사
④ 평균회수 기간	$\frac{365}{41.8}=8.7일$	$\frac{365}{41.2}=8.9일$	K주식회사
⑤ 재고자산 회전율	$\frac{₩16,548}{22,412}=0.7$	$\frac{₩1,245,329}{26,327}=47.3$	S주식회사
⑥ 매출액 순이익률	$\frac{₩303,802}{718,547}=42\%$	$\frac{₩27,206}{1,303,117}=2\%$	K주식회사
⑦ 총자산 회전율	$\frac{₩718,547}{9,619,693}=0.07$	$\frac{₩1,303,117}{145,634}=8.9$	S주식회사
⑧ 부채비율	$\frac{₩1,611+2,050,000+781,007}{238,609+5,625,634+922,832}=0.4$	$\frac{₩50,062+31,367}{26,699+712+36,974}=1.3$	K주식회사
⑨ 현금기준 이자보상 배율	$\frac{(₩46,575)+16,816+124,594}{124,594}=0.8$	$\frac{₩18,568+0+2,744}{2.744}=7.8$	S주식회사

※ ( )는 음의 수를 의미

2) 재무제표비율분석은 매우 유용한 방법이긴 하지만 비율분석은 공시된 재무제표를 기초로 행해지기 때문에 재무제표의 적정성 여부에 따라 영향을 많이 받는다. 또한 여러 가지 대체적인 회계처리방법이 존재하므로 회계처리방법이 상이한 기업들을 비교, 평가하는 것이 불합리할 수도 있다. 또한 기업의 과거자료를 이용하므로 기업의 미래가치평가에 별 도움이 되지 않을 수도 있다. 따라서 실무에서는 이를 해결하기 위해 추세분석 등 기타 여러 가지 분석기법을 병행하여 사용하고 있다. 그러므로 만득이가 재무비율에만 의존하여 투자의사결정을 내리는 것은 자칫 위험할 수 있다.

공저자 약력

김순기

현 서강대학교 경영대학 명예교수

서강대학교 경영대학 교수

University of Houston Ph.D

저서: 원가관리회계(홍문사)

　　사용자 중심의 원가회계(박영사)

　　사용자 중심의 관리회계(박영사)

　　韓國의 原價管理(홍문사)

　　管理會計(홍문사)

주요논문: "An Evaluation of Alternative Cost Variance Investigation Models"

　　　"硏究開發費會計槪觀"

　　　"製造環境變化에 따른 우리나라 企業의 管理會計實務에 관한 實態調査:
　　　美·日의 實態調査硏究와 比較"

전성빈

현 서강대학교 경영대학 명예교수

서강대학교 경영대학 교수

New York University 조교수

The University of California, Ph.D

저서: 資本市場과 會計情報(양영각, 1993)

　　기업의 재무위기의 도산(신용분석사회, 1998)

　　기업도산의 실제와 이론(다산출판사, 2000)

주요논문: "The Outcome of Bankruptcy: Model and Empirical Test"

　　　"The Usefulness of Restating International Financial Data Set"

　　　"기업도산에 대한 주식시장의 반응"

　　　"최고경영자 교체와 이익조정"

송민섭

현 서강대학교 경영대학 교수

University of Idaho 조교수

Syracuse University, Ph.D

저서: K-IFRS 중급회계(신영사, 2021)

　　원칙중심회계: 부딪혀야 빛을 낸다(신영사, 2020)

주요논문: "The effect of analyst forecasts during earnings announcements on investor responses to reported earnings"(The Accounting Review, 2016)

　　　"Management earnings forecast and value of analyst forecast revisions"(Management Science, 2015)

　　　"원칙중심회계 하에서의 질의회신 운영방안(회계저널, 2019)"

이상완

현 동아대학교 경영대학 교수

서강대학교 박사

저서: 관리회계(홍문사, 2019)

　　　원가회계(청람, 2019)

주요논문: "조직정치가 성과측정지표의 다양성과 기업성과에 미치는 영향(회계학연구, 2015)

　　　　　"환경혁신전략, 지속가능성 관리통제시스템, 그리고 경영성과 간의 관계에 관한 연구(회계저널, 2019)

이아영

현 강원대학교 경영대학 교수

서강대학교 박사

주요논문: "경영자의 재무보고서 인증책임과 회계투명성: 명의상 대표이사의 존재를 중심으로(회계정보연구, 2019)

　　　　　"한국기업들의 경영권 방어수단이 회계투명성에 미치는 영향(회계정보연구, 2020)

제5판

K-IFRS 회계원리 해답집 [익힘 · 연습문제]

초판발행	2009년 9월 5일
제2판발행	2010년 8월 30일
제3판발행	2013년 2월 25일
제4판발행	2018년 10월 31일
제5판발행	2021년 2월 28일

지은이	김순기 · 전성빈 · 송민섭 · 이상완 · 이아영
펴낸이	안종만 · 안상준

편 집	조보나
기획/마케팅	장규식
표지디자인	박현정
제 작	고철민 · 조영환

펴낸곳	(주) **박영사**
	서울특별시 금천구 가산디지털2로 53, 210호(가산동, 한라시그마밸리)
	등록 1959. 3. 11. 제300-1959-1호(倫)
전 화	02)733-6771
f a x	02)736-4818
e-mail	pys@pybook.co.kr
homepage	www.pybook.co.kr
ISBN	979-11-303-1245-3 93320

copyright©김순기 외, 2021, Printed in Korea

＊ 파본은 구입하신 곳에서 교환해 드립니다. 본서의 무단복제행위를 금합니다.
＊ 저자와 협의하여 인지첩부를 생략합니다.

정 가   8,000원